总第11卷 第2辑（2021）

盛京法律评论

SHENGJING LAW REVIEW

主编 杨松 郭洁

主办 辽宁大学法学院

知识产权出版社
全国百佳图书出版单位
—北京—

图书在版编目（CIP）数据

盛京法律评论．总第11卷．第2辑：2021/杨松，郭洁主编．—北京：知识产权出版社，2022.2

ISBN 978－7－5130－8062－0

Ⅰ.①盛… Ⅱ.①杨… ②郭… Ⅲ.①法律—文集 Ⅳ.①D9－53

中国版本图书馆CIP数据核字（2022）第020894号

责任编辑：栾晓航　　**责任校对**：谷　洋
封面设计：臧　磊　　**责任印制**：孙婷婷

盛京法律评论·总第11卷　第2辑（2021）

杨松　郭洁　主编

出版发行：知识产权出版社有限责任公司　**网　址**：http：//www.ipph.cn
社　址：北京市海淀区气象路50号院　**邮　编**：100081
责编电话：010－82000860转8130　**责编邮箱**：shihonghua@sina.com
发行电话：010－82000860转8101/8102　**发行传真**：010－82000893/82005070/82000270
印　刷：北京虎彩文化传播有限公司　**经　销**：新华书店、各大网上书店及相关专业书店
开　本：787mm×1092mm　1/16　**印　张**：11.25
版　次：2022年2月第1版　**印　次**：2022年2月第1次印刷
字　数：158千字　**定　价**：58.00元

ISBN 978－7－5130－8062－0

目　录

CONTENT

【理论园地】

当代中国法治话语的逻辑意蕴及反思纠偏

邹　鹏*

内容摘要：当代中国法治话语需要体现逻辑，缺失逻辑的法治话语只是概念的堆砌，无法产生实际效果。逻辑是作为知识体系的法治话语独立性的保障，是法治话语发挥作用的前提，是法治话语自身科学性的依托。目前，中国法治话语逻辑缺失的代表性问题是话语系统内表述的矛盾和重要概念阐释的偏差。中国法治话语实现逻辑自洽应从如下方面着眼：法治话语的观点表达，法律的解释和评述，法治话语核心表述的设计与解释、评述。

关键词：法治话语　逻辑　矛盾与偏差　回应与完善

中国法治话语根植于中国法治资源。从某种意义上说，它是描述法治现象的，是在思维指导下的言说。话语是一个知识体系，法治话

* 邹鹏，华东政法大学上海市社会科学创新研究基地副研究员，研究方向：法治理论、教育法学。

语就是法治的知识体系。法治的知识是很丰富的，很难找到一个相对清楚的边界。如果法治的设计者没有考虑到对法律的理解是一个复杂的信息处理系统，会面临生活事实多样性的挑战。随着解释学的发展，法学已经不是单纯地研究语言以及事实与法律之间的逻辑对应关系问题。目前，法律解释理论愈发多元。法学家眼中的法律也不再是法教义学规范下的阐释，而成了各种理论、价值倾向和处理各种复杂信息之间的竞争。❶ 因此，法治不仅仅局限在法律之治上，法律的含义出现了变化和扩张。在中国经济高速发展的过程中，法治的价值变成了秩序、发展、富强等内容，只要能够实现法治价值的都可以成为法治资源。在这样的语境下，中国法治话语的内涵变得非常丰富。

内涵丰富的法治话语是否有益于我们的法治建设？除了法律，我们还可以使用诸如政策、道德、习惯、行规、宗教规范等各类能够影响人行为的规范性资源实现秩序、富强、稳定等法治的目标。也有人将此称为“实质法治”，甚至认为比“形式法治”更深刻。灵活的、多元的、丰富的社会资源似乎可以解决更多的问题。在这样的一种理念指导下，中国法治话语具有多方面的内容，法律的、政治的、经济的、文化的，都可以在特定的条件下成为法治的话语。

我国传统文化不是很重视形式逻辑分析，混沌、整体、辩证地看问题是我们思维的特点，加上在法学现代化的过程中，法学研究受到了西方反逻辑法学和反基础主义法学的影响，逻辑在法律人的思维方式中并不占据重要地位。正是因为整体性思维忽视了形式逻辑，与法治相适应的思维方式难以在全民中形成，成为我们进入法治时代的一个障碍性因素。❷ 在法治思维当中，我们往往从一个系统、体系的角度去思考法律以及其他社会规范，运用习惯性的辩证思维去讨论法治，从目标出发去实施法治，而这个目标是不是法治的目标却并不一定清

---

❶ 参见陈金钊：《魅力法治的苦恋：法治理论及其思维方式研究》，上海三联书店2015年版，第335页。

❷ 参见陈金钊：《魅力法治的苦恋：法治理论及其思维方式研究》，上海三联书店2015年版，第330页。

晰。以至于原本应当居于重要地位的法律规范的适用和逻辑思维方式，有时候并不能成为一种主要角色。例如，我们的一些法治话语组成内容之间存在矛盾，更确切地说是逻辑上的冲突。这种情况表现在，提出话语的主体需要强调不同方面的内容，将不同方面内容作为法治话语进行设计并阐述，形成客观上的逻辑矛盾。出现这种问题后果就是，话语同时评述和解释一个对象时，就会产生矛盾和冲突，这将削弱法治话语的权威性。笔者认为，法治话语体系的构建需要尊重逻辑规律。在法治话语的语境下，如果既认同一个对象，又反对一个对象，那么这就违背了矛盾的排中律。在一个法治话语体系内，各类话语内容应当是同向同行的。在构建法治话语体系的过程当中，我们要重视逻辑的作用，要将逻辑思维贯穿于法治话语体系，特别是核心法治话语的设计必须符合逻辑规范。

一、逻辑之于法治话语的功能

某种意义上，话语体系的发展是核心话语不断被解释、强调和评述的过程。这些活动使既有话语成为更加庞大的集合。法治话语是基于法治理念由元话语拓展形成，立足于关于法治的核心话语的解释与评述，这既是一种话语表达方式，更是一种思维的反映。我们要保证对法治核心话语评述和解释的统一性，就需要有一套系统的思维方式。逻辑思维乃一切正确思维的基础，除了个别强调直观与感性的领域（如艺术），举凡在法律、经济、政治、历史等诸多学科中均具有不可或缺的作用。[1] 根据认知科学的研究，基于逻辑思维这一共识性思维方式，只要前提一致，对特定对象的理解也是一致的。运用逻辑思维，可以呈现明确清晰的方向，向着一个特定的目标发展，解读出的新话语将逻辑自洽并能强化核心话语，从而构建更加稳固的法治话语系统。“当人们将自己的命运交付给法律的逻辑，而不是专制者意志时，社会

[1] 参见雷磊：《法律逻辑研究什么》，载《清华法学》2014 年第 4 期，第 189 页。

正义就此获得了基本保障。”[1] 现代社会治理的重要特征是对正当性的依赖而不是对强制性的攀附。[2] 我们重视了逻辑思维在法治话语实践当中的应用，我们的法律话语体系才更加坚不可摧，为中国法治实践打下比较好的理论基础。讲究逻辑是法治话语得以形成法治意识形态的保障，法治的共识其实就是对特定法治话语的认可与接纳。

（一）逻辑是作为知识体系的法治话语独立性的保障

特定国家的法治话语体系应当是该国有关法治的思想、理论、知识、文化甚至语言及思维的总体概括，尤其集中体现为法治的理论与知识体系。[3] 知识产生权力，通过话语表达。在现代社会中，“谁都有权力来构造知识体系。不过，一旦人的思维受制于权力，思维就有了边界，知识就没有了想象力”[4]。但权力有时又会反作用于知识体系，使得知识体系按照权力的意图形成话语。那么，这种基于权力而改变的知识体系是否还是原来的那种知识体系？具体到法治话语中，如果法治的知识体系被权力加入其他知识，那么法治话语体系是否还能保持独立性？知识体系是不断发展的，但是关于特定话语体系应当有一种边界，否则，我们无从区分彼此。特定主体使用法治话语还是其他话语，这关乎到话语表达之后的效果和法治话语的目标。这就需要一种标准或结构让我们来辨识不同的话语，避免话语的混淆引发的混乱和矛盾，而逻辑无疑能够在这方面发挥作用。

---

[1] 王涌：《法律关系的元形式——分析法学方法论之基础》，载《北大法律评论》，1999年第2期，第576-602页。转引自陈金钊：《面向法治话语体系建构的中国法理学》，载《法律科学》2020年第1期，第22页。

[2] 参见陈金钊：《面向法治话语体系建构的中国法理学》，载《法律科学》2020年第1期，第22页。

[3] 参见顾培东：《当代中国法治话语体系的构建》，载《法学研究》2012年第3期，第16页。

[4] 郑永年：《中国的知识重构》，东方出版社2018年版，第93页。转引陈金钊：《面向法治话语体系建构的中国法理学》，载《法律科学》2020年第1期，第18页。

作为知识体系的某一话语体系需要具备独立性基础。独立性意味着差异性，其中内部结构（体系）差异性是根本性因素。知识的汇聚并非能成为体系，它需要一种内部结构，使得分散的知识成为一种有机整体。法治话语意味着法治的知识，但是这种知识需要嵌入一种结构，在结构中反映其相应的意义。从理想的角度，某系统，其是一种由恰当重构的语言表达，由相互关联、受逻辑规则制约的语句组成的集合。[1] 具体到法治话语系统，重构的语言表达指向关于法治的知识。关联性是指不同知识之间应当存在联系，而逻辑规则是确保这一话语系统内部稳定、衔接、有序的基础。基于逻辑使法治的知识集合在内部具备体系化，从而在外部观察时使体系能够被理解为一个独立的整体。

（二）逻辑是法治话语发挥实际作用的前提

中国特色社会主义法治理念内涵丰富，极具科学性，如果我们能够将核心的法治话语进行有意义的解读，可以在最大限度上让更多的民众认同接纳这种话语，形成对于法治话语的一种共识。有了这种共识，我们就可以进一步凝练，形成法治意识形态。从近些年的情况来看，对于我们影响比较大的是西方对于法治的知识与理论。不可否认，西方话语对于我们的法治建设确实产生了积极作用，但根植于西方意识形态的制度和理念并不能完全回应中国需求。我们要凝练法治的中国共识，构建更加完整、系统和坚定的中国法治意识形态。完成这一任务，需要我们立足于法治元话语作出很多的解释、说明、评述、论证。通过这些方式使得各方面都能够认可和接纳我们所提出的主流的法治话语，而这个过程当中也需要我们讲逻辑。逻辑正是将不同的主体联系在一起的一种基本的思维方式。不同人也许对法治的认识有差别，但是逻辑思维是一样的，这是人认

---

[1] 参见［以］约瑟夫·霍尔维茨：《法律与逻辑：法律论证的批判性说明》，陈锐译，中国政法大学出版社 2015 年版，第 13 页。

识事物的基本方式。中国法治话语如果能按照逻辑设计和解读，具有合理性、正当性，更加利于不同的主体接纳、认同。

法治话语的目的在于通过话语使用，推动法治中国建设，引导人们依法办事，服从法律，形成法治秩序。从本质来看，这是话语主体借助话语体系实现与受众客体对接、交流、融合、重铸的思想碰撞过程。而如何引导话语客体接受、认可特定的价值观和思想主张，则是问题的关键所在，这与人的认知发展规律密切相关。“感觉过程—知觉表象—思维活动”是人的认知形成过程，也是人的认知发展规律。[1] 这集中反映为尊重逻辑规律。逻辑自古以来被理解或视为一种最大程度的共识，“讲逻辑”“契合逻辑”等成为一种话语表达最具正当性的特征。为什么逻辑具有这么大的力量？因为它自身代表思维的一般规律。所谓一般规律，即所有主体都要遵守的规则，具有先在的正当性。逻辑法则的有效性与命题的具体内容完全无关，因为它研究的是命题之间的句法—语义关联，而非命题具体内容。所以，任何科学，只要涉及对命题的运用，就必须服从普遍的形式法则，[2] 并基于这种正当性形成判断是非曲直的标准——不符合逻辑者为谬误。话语作为思维的表达，如果不符合逻辑规律，则可以被归入错误范围。比如，某一话语表达既支持某一观点，又否定了这一观点，违反了同一律，那么，听众到底应当如何以言行事？这就会降低话语权威，难以以言行事。只有话语表达不存在逻辑矛盾，才能使得其内部同向同行，构成体系。当一套话语不论如何言说都不存在逻辑矛盾时，此话语易于流传，因为它具有思维层面最强的说服力。

中国法治话语在社会内部运行中存在的问题，也许正和其承载太多意义有关。在这话语之上，除法治外，还有政治的、经济的、

---

[1] 参见王霞、孟宪生：《习近平新时代中国特色社会主义话语体系建设的逻辑理路》，载《马克思主义研究》2019年第5期，第22页。

[2] 参见雷磊：《什么是法律逻辑——〈乌尔里希·克卢格“法律逻辑”介评〉》，载《政法论坛》2016年第1期，第184页。

文化的、道德的各类诉求和观念。人们用法治话语来阐释各方面问题，希望依靠法治的强力与权威实现自己的诉求。如此，法治话语自身的属性可能难以体现。因为运用“法治话语”的目的可能是政治的、道德的、习俗的、文化的。法治话语是他们实现目的的桥梁和媒介。但是真正的法治话语表达追求的目的应当是法治的。有的话语看起来像法治的，也像政治或道德的。出现这种现象的原因在于，不同主体将法治话语作为一种修辞，忽视其自身内部逻辑去表述。人们希望借助法治的权威性乃至强制性实现自己的目的，但法治话语却不能这样设计和理解。法治的追求和政治的、道德的、文化的追求并不完全一样，不能简单地将其他方面的目的和法治强行嫁接。运用逻辑方法，并不意味着想让实际的法律适用场景按照亚里士多德的三段论模式或形式逻辑的运算法则来运转，这个场景可以按照适合于交流之目的的任何方式来运转。逻辑方法所期待的只是，只要有人主张或意图进行正确的论证，他所实际运用的表达就应当具备可被转译为逻辑形式的意义，并可对其逻辑上的可靠性进行检测。❶ 如果人们深思，把逻辑作为“剃刀”，会发现有些以法治之名义的话语其实未必追求法治，而是另有目的。逻辑是人们判断是非的最基础的标准，法治话语必须借助逻辑来证明自身正当性，借此产生广泛影响。

（三）逻辑是法治话语自身科学性的支撑

中国有些人认同西方法治话语，并希望其一些成分能够成为中国法治话语的核心部分，他们认为西方话语可以被看作中国追寻法治的“理想样板”。西方法治话语未必都讲逻辑，它们自身当中也存在着问题。特别是我们所谓的西方法治话语的理想样板，是有些人有意识地在西方法治话语之上增加了一些理论成分，自己建构出来

❶ 参见雷磊：《什么是法律逻辑——〈乌尔里希·克卢格“法律逻辑”介评〉》，载《政法论坛》2016 年第 1 期，第 182 页。

的一种法治话语。这一“西方话语”自身不具备逻辑的自洽性，因为它不是根据逻辑自建构的，而是有外部观念强行加入的结果。这种话语不是西方世界真实情况的描述，而是西方的实际情况加上我们对西方的一些理解和向往的集成。这种理想话语与一般话语不具备逻辑上的自洽性。因此，这种西方法治话语在符合逻辑的中国法治话语面前并不具有优越性。

遵循逻辑的法治话语体系，应当以元话语为依托，依照逻辑思维解释和评述形成话语体系，这一体系具有内部的衔接性和融贯性，外部的整体性和统一性。这种体系不论是在中国社会内部抑或是输出到国际社会，都具有正当性。法律逻辑的对象界限在于，它只可能适用于作为思想实体的语义学规范世界，而无法适用于作为偶在实体的语用学规范世界。而法律适用其实是这两个世界的叠合：适用者一方面在从事思维活动，因而要遵循逻辑法则；另一方面又是在进行意志活动，法律逻辑无法决定某个意志活动发不发生，而只能为判断这个意志活动之结果正确与否提供必要标准。[1] 如果我们的法治话语符合逻辑，它就具备了一种超越意识形态的力量，这种力量可以凝聚国内的共识，也可以为我们在世界范围内争取支持提供积极条件。因此，逻辑对于整个法治话语设计和构建来说具有关键性作用。从国内来说，符合逻辑的法治话语，能够产生社会治理的实效，因为它自身符合人的认知和理解习惯，国人认同；从国际上说，作为人类公理可以获得各国有识之士的接纳，使得我们的话语体系有分量、有影响，经过不断完善成为一种向国际输出的宝贵的法治资源。中国法治话语应把握这种思维，服务全面依法治国以及人类命运共同体建设。

---

[1] 参见雷磊：《什么是法律逻辑——〈乌尔里希·克卢格“法律逻辑”介评〉》，载《政法论坛》2016年第1期，第189页。

二、法治话语的逻辑缺失

在中国当前的法治建设中，并非所有法治话语都体现出充分的逻辑性，话语体系存在逻辑上不足问题。出现这种现象的主要原因是话语表达者基于法治之外的目的，但是希望利用法治的权威来提高所表达话语的力量。法治有自身的逻辑，如果不符合这一逻辑不能称之为法治。虽然以法治之名阐释是一种积极现象，说明法治有话语权，但是如果国家治理和社会治理中存在相当数量的这种形式的法治话语，法治的真正声音可能被淹没，从形式和实质意义上的法治转为“形式”上的法治。当提到治理能力和治理体系现代化的时候，我们需要更多地关注这种法治话语的逻辑缺失问题，从而在逻辑层面上予以纠正，让法治话语回归应有的意义。

（一）话语系统内表述的矛盾

在诸多对法治怀疑情绪的影响下，我们在政治上选择了法治，却又在司法政策中放弃了法治。在司法活动中讲政治、大局意识等，奉行社会效果与法律效果的统一论，表明人们对法治少了一份信心，多少感觉法治有些靠不住了。[1] 政治话语和法治话语分别主要反映在政治政策和司法政策上，如果政治政策中选择了法治，司法政策作为政治政策的衍生品，应当更加坚定地遵守这一原则。司法政策是有力的法治话语之一，但是如果司法政策反而不符合法治逻辑，那么法治如何服众？讲大局、讲政治都是可行的，但是要看如何执行。社会效果是要考虑的，但是要看怎么兼顾。在政治、大局、社会效果和法治原则、法律效果之间，有时候存在一种微妙的排序关系。这里并不是说，政治、大局、社会效果和法治原则、法律效果之间

[1] 陈金钊：《被社会效果所异化的法律效果及其克服——对两个效果统一论的反思》，载《东方法学》2012 年第 6 期，第 44 页。

孰先孰后，而是讨论怎么样让这五个元素共同形成合力，服务治理体系和治理能力现代化。但如果简单地用政治、大局和社会效果凌驾于法治原则和法律效果之上，那么司法政策自身就无法在逻辑上形成融贯，违反了基本的矛盾律。

矛盾律的应用在于，一件事物不能既否定又肯定。比如我们以前一个时期讲“坦白从宽、抗拒从严”，但是，在法治话语中被替代为“未经审判不得定罪”。如果我们在司法政策中依然使用“坦白从宽、抗拒从严”，那么就是违反了矛盾律。从社会效果来说，有时候在处置严重犯罪问题时，力主“坦白从宽、抗拒从严”确实能够产生一些积极效果。人们对于穷凶极恶之徒往往抱有相对朴素的情感，要求严惩。这也与我们国家在法律文化上的传统“重实体、轻程序”有关系。但是，如果我们追求这一社会效果，在司法政策中坚持“坦白从宽、抗拒从严”，那么，我们在法律和其他司法政策中强调的人权和程序正义就很难实现。而且这一话语也容易产生刑讯逼供，衍生许多新问题。最为重要的是，我们既否定，又肯定，那么从“新法优于旧法”理论来说，等于我们回到了以前的概念语境，法治话语没有发展，并且还因为前后矛盾而降低法治的权威。

话语体系最鲜明的特征为内部一致性，也就是内部要素之间不出现矛盾。从自然科学来看，凡是能够称为科学的知识体系，都是能够具备内部一致性的系统。比如化学、物理、数学等，都有自身独立并且完备的知识体系。这种知识体系之所以能够被视为科学，一个重要的原因在于不存在内部矛盾。法治作为意识形态的一种产物，有时引起争议或者不被信任，其原因也在于内部存在矛盾，形式上表现为话语的冲突。在某些时候，我们一方面用法治保障某种事物，另一方面又以法治名义消解它。比如我们既强调法律效果、法律至上，但有时候在司法政策中又要讲大局和社会效果。讲大局和社会效果是对的，但这个“大局”“社会效果”过于宽泛，内涵不确定，在逻辑方面存在不足。逻辑方法被广泛用来实现法治所需要的合法性、确定性。由此，逻辑范式牢牢占据了近代以来西方法律传统的主流，法律的逻辑属性得到了近代以来各派法学家的普遍认同。[1] 从这一方面来说，法治必须讲逻辑，如果法治话语因逻辑问题无法像科学话语那样获得广泛信任和接纳，将使人质疑这一话语是不是真正意义上的法治话语。

（二）重要概念的阐释可能出现偏差

概念是话语的重要组成部分，话语从某种意义来说就是对核心概念的阐释、评述、分析和传播。这里尤其侧重于阐释，因为它是推动话语发展的重要力量。阐释过程中需要遵循一个重要原则，即前后一致，也就是逻辑上的同一律。对于同一概念，在同一话语体系中，应当做相同的解读，而不应出现明显的差异。如果因为法治话语的发展需要变化，就应该对特定概念加以修正，使其和以往概念内涵有异。在法治建设过程中，有时候我们在特定时期提出了某一特定概念，并且围绕这一概念形成了一系列的实践、制度和阐释，为这一概念框定了内涵。但是到了另外一个阶段，原有概念不适应经济社会的新发展，需对概念赋予新的内涵、作出新的解读。但是，如果不改变概念而对概念作限制、扩张解释或改变其内涵，容易影响法治话语的逻辑性，使人们认为法治话语存在随意性和不确定性，从而影响法治的权威。

伽达默尔认为，文本都是历史流传下来的物品，因此，精神科学所进行的理解，实质是历史理解；由于情境变迁，在每次理解中，文本“都以不同方式被理解”[2]，这不仅意指，任何认真的理解，都会创造出新的文本意义，而且意指解释只是生成不同的文本意义，而这种意义生成只是文本意义的扩展，并不必然是一种进步。解释

---

[1] 参见焦宝乾：《逻辑与修辞：一对法学研究范式的中西考察》，载《中国法学》2014 年第 6 期，第 75 页。

[2] ［德］汉斯·伽达默尔：《真理与方法：哲学诠释学的基本特征》，洪汉鼎译，上海译文出版社 2005 年版，第 400 页。转引自高鸿钧：《伽达默尔的解释学与中国法律解释》，载《政法论坛》2015 年第 2 期，第 10 页。

者受到前见的影响，也是历史的组成部分。文本和解释者都不能超越历史之外，而只能处于历史之中，[1] 因此“历史并不隶属于我们，而是我们隶属于历史”[2]。从这一观点来看，对于特定概念的解释无法脱离历史，因为理解的差异，因而概念解读产生变化是正常的。但是，这种变化不应当完全脱离历史，也即应当与前在的解释有关、衔接、连续。如果一种阐释完全与之前的阐释不同，出现明显偏差，不只是违背了同一律，还脱离了解释的历史性与关联性，那么这种阐释就不宜作为法治话语的创新产物，因为这种阐释违背了解释学的一般逻辑。

比如，我们对于西方“司法独立”话语的否定，曾经引发学界的关注。一些观点认为，否定“司法独立”就等于否定法院审判权的独立行使，导致各方面力量都可以影响审判，进而衍生出一系列所谓“法治话语”。但是，如果我们将“司法独立”放入更大的背景来理解，其来源于西方政治体制，是西方三权鼎立的组成部分。理解“司法独立”不能脱离其语境和属性，它并非简单的法治概念，而更大程度上是一个政治概念。在法治话语中阐释和说明这一概念，就要坚持将其放在西方政治环境下去阐释，而不能偷换概念，将其和人民法院依法独立行使审判权画等号，这两者从内涵来说不能等同。在法治话语的发展中，一些关于“司法独立”的话语阐释却出现了前后偏差，这种现象违反了同一律。逻辑上的问题对于重要概念的传播、表达以及有关制度的建立和发展都会产生负面影响，使实践、理念、制度和表达之间难以形成有效的衔接，造成了话语层面的混乱。缜密规范的语法逻辑和话语规则是构建中国话语的基本

---

[1] 参见高鸿钧：《伽达默尔的解释学与中国法律解释》，载《政法论坛》2015年第2期，第10页。

[2] ［德］汉斯·伽达默尔：《真理与方法：哲学诠释学的基本特征》，洪汉鼎译，上海译文出版社2005年版，第357页。转引自高鸿钧：《伽达默尔的解释学与中国法律解释》，载《政法论坛》2015年第2期，第10页。

方法，[1] 缺少逻辑会引发法治话语的矛盾和张力，也消耗了社会资源，限制中国法治话语发展。

三、法治话语的逻辑完善

法治话语自身蕴藏着特定的观念。有时候语言和观念的衔接，并非是一一对应的，同一个词汇，在不同的思维背景下可能产生不同的含义。所以我们解释特定话语时，如果没有一个客观的规则，对同一个词汇的解读就可能出现不同的意义。比如，我们话语体系不认同西方政治体制中的“司法独立”，有人将其解读为中国反对审判独立，进而抹黑中国司法系统和司法工作。这种解读显然是不合理的，也会对我们的法治建设产生十分消极的影响。我们不认同西方政治体制中的司法独立，因为这种制度并不适应中国的政治体制，并不是我们反对人民法院依照法律规定独立行使审判权。西方的司法独立既是一种法治话语，也是一种政治话语，其法治含义已经由我国的“人民法院独立行使审判权，不受行政机关、社会团体和个人的干涉”所表达，并没有否定审判的公正、独立、公平。这就说明，在当今中国社会，对于特定法治话语的解读存在差异以及一定的风险。

将司法独立解释成审判独立虽然不够准确但尚且有一定的逻辑性，但是，否定司法独立就是否定审判独立，这种解释是不符合逻辑的。话语体系是在不断扩大的，关于话语的评述、解释、评论都可能成为话语的一部分。因此在进行话语的拓展延伸过程当中，要形成一种相对客观的解释规则，这样就使得我们的话语体系正向增长，而不会显示出相反的观点或者思想。这对于我们完善话语体系，提高话语体系的科学性、融贯性、整体性，从而使法治话语实践时

---

[1] 参见陈曙光：《论中国话语的生成逻辑及演化趋势》，载《马克思主义研究》2016 年第 10 期，第 96 页。

获得更大的接纳。话语是要不断进行评述解释的，在评述解释的过程当中要讲究逻辑，否则就容易出现话语解释的混乱，使人难以分清评述和解释是否还属于法治话语。对于法治话语的实践和拓展应当基于逻辑设定几条基本的原则。

（一）回应话语系统内表述偏差的思路

话语形式上是一种语言表达式，可以判断出其表达是否符合逻辑。背离逻辑的话语表达将影响话语体系的权威，化解话语系统内表述偏差，让话语表述一致起来能够提升法治话语的影响力和可信赖度。法治话语是关于法治的观点，而法治是建立在法律体系之上。法治话语系统表述的逻辑就包括关于法治观点的表述和关于法律规范的表述，这两方面的话语都应当符合逻辑规范。

1. 法治话语的观点表达应当符合逻辑

人首先要思想，然后言说；与此相应，不是把符号理解为独立的客体，而是意义的载体。语义学用含意规则补充逻辑、句法规则。这样，语法正确却无意义的句子，比如“这条鱼散发着天蓝色的气味”，成为可能。理由是：既然我们感觉到这类句子异常，就说明这里存在着支配语句含意秩序的某些隐含规则。[1] 当我们对某些关于法治的观点或者以法治之名表达出的观点感觉异常的时候，作为一种朴素的经验反映，这也可能反映了这些话语没有符合某些规则。在我们强调法律效果和法律至上的时候，我们的话语是符合逻辑的，形成了说服力。但是，如果我们又强调了法律之外的其他，如政治、社会、大局等，并将其作为法治话语的时候，前后之间的逻辑就很难探寻。虽然前后都是正确的，但我们或许分不清到底应当服从哪一类“法治话语”。为了克服这一问题，话语体系遵循以下三个逻辑准则。

---

[1] 参见彭爱和：《语言本体论转向与意义的符号性解读》，载《外语学刊》2009年第3期，第15页。

一是前后一致，遵循同一律。前后一致，追求确定的国家治理和社会治理的基本方式。朝令夕改只会造成混乱，只有前后一致，稳定确定才是治理的目标。在表达法治话语的过程中，对于同一个问题，表达者特别是有权力的表达者应当坚持前后一致。这不是否定创新，而是创新应当具有延续性，而不能简单全盘推翻既有的话语。要注重不同时期法治话语的衔接性与融贯性。二是不搞对立，遵循矛盾律。前后矛盾的话语对于话语体系的影响是最大的。在同一个背景下，对于同一个问题，如果掌握话语权的主体发布矛盾的观点，那么会降低整个话语体系的可信赖性。一个成熟的话语体系中，在时代背景没有重大变化之前，对于特定问题的表达应当是相同的，这是知识体系的基本要求。三是清楚明白，遵循排中律。在中国法治建设中，一些大词的使用虽然能够让人们印象深刻，但其蕴藏的丰富内涵也容易使人们把握不住话语的真实意图。词语自身就是具有模糊性和开放性的，如果我们不意识到这个问题，甚至有意让它更加模糊，法治建设就可能偏离方向。话语阐释的局限是意义的流动性较大，特别是在语词边缘意义的解释上，可能会改变概念语词的意义中心，会出现意想不到的意义。这一方面可能会增大法律意义的说服性，另一方面也可能离开文本而出现过度解释。在法学思维中，阐释的创造性是有限度的。[1] 在法治话语表达中，对于重要问题不能含糊其词，必须清楚明白，定分止争。涉及核心概念，如权利、义务、民主、正义、程序、自由等，应当有清楚的界定，不能模糊回避问题。只有这样，法治话语的基石才更加稳固。

2. 对法律的解释和评述应当符合逻辑

基于法律的解释、评述形成的话语，是法治话语的主要内容。在形成这类法治话语过程当中，要把逻辑作为基本准则。违背逻辑解释法律形成的话语未必可以称为法治话语，通常这种做法产生的

[1] 参见陈金钊：《体系思维及体系解释的四重境界》，载《国家检察官学院学报》2020 年第 4 期，第 70 页。

结果是权力话语。权力话语之所以有任意的傲慢，就是因为它不守规则，没有按照一般意义上的逻辑去表达观点和要求。在文化、理念、环境等因素作用下，中国人更加侧重整体性和辩证思维，从而具有包容性法治观念。这是中国法治的一种优点，但也会带来一些问题。包容的姿态可以把更多资源纳入法治范畴，但这一做法若不遵循规则就会产生法治的泛化。比如在解释和评述法律使用过程中，原本可以在教义学范围内解决的问题，有时候却在更广泛的语境下去寻找裁判资源，运用整体思维、辩证思维和实质思维却稀释法律的定义、规范的功能，认为法者不外乎情理法的结合。在解决问题的思维过程中，不是把法律当成思维的依据，而是当成决策的参考因素。这一点在政治决策、司法调解中表现得尤为明显。[1] 法治的逻辑起点——法律成了整个思维体系中的一种要素，当然可以说它是关键要素，但是这一种要素有时候不能定案。三段论、形式逻辑推理不是唯一的解读技术，别的解读技术即使和逻辑背离，其结论也可以接受——特定情况之下权力的掌握者和期待这一结论的民众都接受。这时，法治话语就变得捉摸不定了，虽然它带有“法律”符号，但判决的结论到底是不是法治话语呢？

这种情况可能会带来风险，不仅因为它可能导致个案和法律之矛盾，更严重的是它可能让法治话语有名无实。基于法律的解释和评述这类法治话语若都不遵循法律适用的基本逻辑规则，不是“法言法语”和法律思维的结果，那么法治话语的真正内核，其“法”之属性在何处体现？法治话语的基础在于法律，没有法律和法律的应用去谈法治就等于空谈。不运用逻辑解释和评述法律，得出的结论就不是教义学意义上的法律结论，缺失了法治的稳定性和确定性，这种话语就不能视为法治话语。法治话语首先是依法讲话，讲法治话。依法的科学方法是遵循逻辑。按照逻辑去解读法律表述语篇本

---

[1] 参见陈金钊：《法治逻辑、法理思维能解决什么问题?》，载《河北法学》2019年第7期，第3页。

来是最正常的一种法治现象。将法律的解释限定在逻辑的指引下，这是保证法治话语所谓“法律”属性的基本条件。

（二）解决重要概念解释偏差的思路

话语体系中的重要概念发挥着基础性、指引性作用，简短的语言表达式牵引起庞大话语体系的一部分甚至于整个内容。从生成角度来说，话语体系的重要概念或者根据既有的话语表达凝练形成，或者经过对比和遴选确定。不论是哪种方式形成的重要概念，都在应用中予以解释、评述、拓展。为了更好地避免解释的偏差，可以从核心概念生成和表达两个方面发挥逻辑作用。

1. 法治话语核心表述的设计应当符合逻辑

我们在很多时候往往难以区分特定词汇和法律的应用，如果说法治话语全然不谈法律，那么法治属性就会大大降低。理论上讲，法治话语存在不直接谈到法律的可能，但并不影响其和法律有所关联，也并不影响其评述和解释要遵循法律逻辑的相关规则。比如，党的领导、人民当家作主和依法治国有机统一，就不能不讲逻辑割裂开来理解和评述，三者之间具有一个严密的逻辑关系。在解释三者如何有机统一的过程中，就应当根据逻辑关系予以解读。再比如，法治国家、法治政府、法治社会的表述，彼此之间也具有内在和外在的逻辑关系。从内部来说，这一表述解决权力与权力、权力与权利以及权利和权利之间的关系；从外部来说，解决了国家、政府、社会三者如何在法治框架和格局之下运行关系。总体上，三者之间又具有一个逻辑关系，国家包含了政府与社会，是个总分关系。这种解读符合逻辑规则，和一般人基本的思维模式是相同的，在宣传过程中也比较容易获得接受和支持。

首先，法治核心话语的设计需要符合逻辑。法治话语体系有若干核心表述，这些表述代表了法治话语的基本观点、基本原则和基本原理。虽然语句不长，但是意蕴深远，而且往往对仗工整，颇有汉语之美。从法治的角度来说，这一类话语真正是“抓铁有痕”，每一句都能对中国法治产生巨大影响。这可以理解为一种政治表态，一旦表态就有充沛的力量支持，产生社会效果。这在中国政治体制中是比较常见的实践方式。从执政党角度来说，提出若干核心话语能够提纲挈领地勾勒出法治的基本轮廓，这比运用大量的阐释、论述、分析、说明来解释法治战略更加有效。这一类话语是面向整个国家的，各个方面群体都是话语的对象。要让各方面都能接受这一话语，自身就要具有正当性与合理性。符合逻辑可以使其拥有这样的属性。

其次，法治核心话语的解读需要符合逻辑。法治核心话语在设计出来后，其影响需要通过各方面的解释、解读、评述和传播实现。此过程既是法治话语实践的过程，也是法治话语拓展壮大的过程，整个传播过程可以理解为法治话语现象。根据提出法治核心话语的主体预期，这个过程应该是平稳的发展过程，不同的衍生性话语在强化核心话语的内容，增强核心话语的力量。可是，这一愿景能否实现需要看我们如何去解读和阐释核心话语。

解读和阐释一个表述或者特定法治话语表达可以有多种方法，从进路上说有逻辑和修辞两种方式。理性主义要求我们运用逻辑特别是形式逻辑去阐释一个对象，合理性诉求则要求在逻辑之外运用修辞去说服民众认同话语的解读。逻辑和修辞在解读特定的法治话语表述时各有千秋。逻辑可以推导出严密的解读结论，修辞则可以使话语的特征被更加形象生动地阐述出来，从而让民众了解到底说的是什么。但是，如果解读话语的人别有用心，修辞技术作用下的解释可能产生和话语内涵不一致的内容。比如有人提出“党大还是法大”这一表述，是根据执政党和法律关系的话语表述演绎的，其实是一个伪命题。但是如果运用修辞方式解读，忽视逻辑，就可能引起人们的误解和争议。在这一方面，习近平总书记作出了精辟的阐释：“我们说不存在‘党大还是法大’的问题，是把党作为一个执政整体而言的，是指党的执政地位和领导地位而言的，具体到每个党政组织、每个领导干部，就必须服从和遵守宪法法律，就不能以党自居，就不能把党的领导作为个人以言代法、以权压法、徇私枉法的挡箭牌。我们有些事情要提交党委把握，但这种把握不是私情插手，不是包庇性的插手，而是一种政治性、程序性、职责性的把握。这个界线一定要划分清楚。”❶ 习近平总书记的话语言之有理，言之有据，闪烁逻辑思维光芒，将“党大还是法大”的提法整体驳倒，直中要害，精练地论述了党员遵守法律以及党在执政过程中的法律关系，是当代中国法治话语中的精彩篇章。在解读特定法治话语表述过程中需要运用逻辑思维支撑，这样的结论才符合话语本意的结论。有了逻辑就可以区分错误思维和正确思维、可靠论证和不可靠论证。❷ 如果违背逻辑胡乱解释，那这种解释就是站不住脚的，不具备正当性，也不能作为法治话语组成部分。因此，对于特定词语和表述的解读，必须从逻辑出发，形成一种基于逻辑的解释进路。

2. 对法治话语核心表述的解释和评述应当符合逻辑

法治话语的实践和发展，自身是评述、解释已有话语的过程。比如“依法治国与以德治国相结合”“全面依法治国”“改革一定要于法有据”等话语，是作为法治化的一种核心表述，而对于这种核心表述的注释和解释，都成为法治话语实践的一种表现形式和话语发展的一种途径。法治话语的实践效果，依赖于如何去解释、评述这些核心话语，如果解释评述得对，那么法治话语的影响力就会不断扩大；如果解释评述出现了偏差，那么就容易产生矛盾，削弱了法治话语的权威核心，所以在解释、评述新法治话语时一定要有一种科学的方法，而逻辑正好具有这样的属性。

---

❶ 习近平：《在省部级主要领导干部学习贯彻党的十八届四中全会精神 全面推进依法治国专题研讨班上的讲话》，http://cpc.people.com.cn/n/2015/0207/c64 387 - 26524672.html，2021 年 10 月 2 日访问。

❷ 参见陈金钊：《法治逻辑、法理思维能解决什么问题?》，载《河北法学》2019 年第 7 期，第 5 页。

解释和评述法治话语目的在于衍生出新的话语，这些新的话语和核心话语之间不应当是对抗而是能对特定核心话语予以解释和阐明。这个过程能够产生什么样的话语应当是明确的，而不是一种高度开放性的结果，这涉及论证的问题。一个逻辑的合理性程度依赖于其逻辑形式，[1] 只有高度符合逻辑性的论证才能产生最大的可信赖性。以欧美为代表的法治思维在走向上与中国是错位的。欧美国家在经历了严格法治时代以后，开始挣脱形式法治的约束，用看得见的实质正义去实施法治。欧美法治思维的发展，经历了从形式法治到实质法治、从克制司法到能动司法、从文义解释到社会学解释、从规则解释到原则解释、从文本解释到目的解释的转变，这大体上标志着西方法治思维的发展轨迹。[2] 在这个过程中，形式逻辑从唯一的方法转变为主要的方法再转化为重要的方法，地位在下降。这虽然未必带来法治的衰退，但这一思维方式不能简单套用在中国法治之中。我们全面依法治国的事业正在推动，权力被关进制度的笼子里，这一切的积极景象都需要最根本意义上的法治理念指导，需要运用形式逻辑来践行。如果在一切还未能完全进入正规之前就开始引入其他的思维方式和规范，这对于建设新时代中国法治并无益处。

我们希望通过对核心话语的解读形成法治共识。目前，关于法治思维、法治方式和法治话语的提法和衍生性讨论比较丰富，总体上看，法治思维和话语提得多，法治方式相对提得少。因为语言、思维已经成为一种基本的模式，所以，话语和思维先于行为。通常，大多数人能够认同一种话语，就会以言行事，话语反而成了一个优先的要素。在对核心话语进行解读，拓展法治话语体系和内容的时候，需要注意我们的解读方式，要有解读的逻辑规则。

从人的认知角度来看，逻辑是一种先天的根本性的共识认知方

[1] 参见［以］约瑟夫·霍尔维茨：《法律与逻辑：法律论证的批判性说明》，陈锐译，中国政法大学出版社2015年版，第12页。

[2] 参见陈金钊：《法学话语中的法律解释规则》，载《北方法学》2014年第1期，第108页。

式，是主观对客观反映的内部机理。遵循逻辑思维，在外部因素相同的时候，即使不同的人看待同样事物的结论也应该是一样的。这说明运用逻辑来解释现象能够获得最大限度上的一致，这是对于话语解读的过程中最需要的一种支持。法律逻辑在法律解释的运用当中已经居于核心地位，那么对于法治话语的评述和解释也是需要讲究逻辑的。如果不讲逻辑的话，不同主体对于同样的法律话语解读，就可能根据自己的意识形态，形成不同的解释和评述结论。话语是可以无限组合的，每一种话语组合之后都可能产生一定的含义，但是含义却可能是对抗和矛盾的。为什么修辞一直在政治上被视为一种技巧，没有被赋予很崇高的正当性，正是因为修辞有时候是通过对话语内容的排列整合说服听众，违背了人的一般性逻辑思维方式。这种做法被认为是不具备充分正当性的。同样的一个现象或者话语文本，不同的立场解读出来的结果是不一样的。在全面依法治国的进程中，我们应当捍卫核心法治话语解读的共识，依据这样的共识建设法治意识形态。因此，在法治话语的实践和发展过程当中，我们需要运用逻辑规则去限定它，让法治话语衍生出来的依然是法治话语，而不是其他的话语，特别是任意行使权力的傲慢话语。

四、结语：塑造符合逻辑的法治话语

任何不符合逻辑的事物，其正当性都应当受到质疑。作为法治意识形态的集中表现，法治话语自身必须具有充分的逻辑正当性。话语既成体系，必然要求逻辑性。也就是说，一是它必须是一个围绕着清晰的逻辑主线而生发出来的关联性系统；二是它必须是一个基本概念、基本命题和基本原理之间的合理性推演。失却了逻辑性，话语便不成体系，只不过是一堆语词概念的随意堆砌或机械排列。[1]

[1] 参见张桂林：《逻辑要义、历史努力与认知前提：建构中国特色政治学话语体系》，载《政治学研究》2017年第5期，第14页。

我们要建立法治中国，要推动法治成为主流意识形态，围绕它的话语必须具有很强的逻辑性。不论从哪个方面审视和深思，法治话语都经得起推敲。因为法治话语的基础——法律自身就是最体现逻辑的精神产品。近代以来，逻辑范式在西方法律传统领域一直占据着支配地位。至今一谈起法律，逻辑性、严谨性仍然是其思维活动的首要品格。[1] 从法律到法治再到其后衍生的法治话语，逻辑都是其基石。有了逻辑性的话语体系就不再是语词的简单表达或概念的机械堆砌，而是充满意义的体系。[2] 在中国法治建设过程中，虽然我们有时候需要辩证看待一些问题，如法律效果和社会效果，依法办事与大局政治等。但中国法治话语的核心是以人民为中心，坚持这样一个出发点，依托逻辑构建，任何辩证问题总能找到一条不违反逻辑规则的科学道路。遵循逻辑规则建立的法治话语会有一种符合法治精神的阐释和说明，这是化解矛盾的最优方案。

The Logic Meaning of the Discourse of Rule of Law in Contemporary China and Its Reflection and Correction

Zou Peng

Abstract: The discourse of the rule of law in contemporary China needs to reflect the significance of logic. The discourse of the rule of law without logic is just a pile of concepts, which can not have a practical impact. Logic is the premise of the rule of law discourse, and logic is the scientific basis of the rule of law discourse. At present, there are two aspects of the lack of logic in the discourse of rule of law in China: the con-

---

[1] 参见焦宝乾：《逻辑与修辞：一对法学研究范式的中西考察》，载《中国法学》2014年第6期，第75页。

[2] 参见张桂林：《逻辑要义、历史努力与认知前提：建构中国特色政治学话语体系》，载《政治学研究》2017年第5期，第15页。

tradiction in the discourse and the deviation in the interpretation of important concepts. In order to rectify the deviation of the deficiency and improve the logic of the discourse of rule of law, we should do : the interpretation and comment of law should be logical; The design of the core expression of the rule of law discourse should be logical; The explanation and comment on the core expression of the rule of law discourse should be logical.

Key words: discourse of rule of law, logica contradiction and deviation, response and perfection

【实务研究】

构成要素阻断视野下的恶势力犯罪长效防控机制构建*

邢志人** 余长江***

内容摘要： 恶势力被认定为加重量刑情节，原因在于恶势力组织的存续具有社会危害性。依据这一特征，除恶工作宜聚焦于阻断恶势力的构成要素，如此才能更好地贯彻“打早打小”的刑事政策，提升恶势力犯罪预防的主动性。这一防治思路可以从危险的事前控制、犯罪构成理论以及涉黑犯罪防治中寻得理论支撑。恶势力防治政策应以恶势力的四个构成要素为基础设计具体的阻断措施，政策主线包括动摇犯罪组织的稳定性，控制违法犯罪分子的纠集频率，重治暴力、威胁类违法犯罪，严防团伙犯罪影响范围扩大四个方面。

关键词： 恶势力 构成要素 常态化犯罪预防

---

* 本文是北京政治文明建设研究基地项目“老年人犯罪社会治理研究”（项目编号：21zzwm005）的阶段性成果。

** 邢志人，辽宁大学法学院教授，研究方向：刑法学、犯罪学。

*** 余长江，辽宁大学硕士研究生，研究方向：犯罪学。

一、阻断恶势力构成要素的犯罪防治视野之缘起

（一）阻断恶势力构成要素防治思路的产生

2018年1月，中共中央、国务院发布《关于开展扫黑除恶专项斗争的通知》，要求在全国范围内开展扫黑除恶专项斗争。此后，司法机关出台了大量规范性文件，多数文件直接要求对恶势力犯罪从严打击，也有个别文件通过降低入罪门槛、降低法定刑升格条件等方式来加重恶势力犯罪的刑罚。各级法院在司法实践中一直严格贯彻从严除恶的指导方针。自扫黑除恶专项斗争工作开展以来，2018年至2019年10月，全国各级法院审结涉恶案件共计7302件，重刑率达24.1%。[1] 相较于2014年至2019年同期全部刑事案件，重刑率大致高出13.5个百分点。[2]

恶势力犯罪较之普通犯罪增加了能够加重量刑的主体要素。目前，没有明确的刑事政策指出对普通的团伙犯罪应予从重处罚。因此，有学者提出，“恶势力被认定为一种加重处罚的犯罪情节”[3]。刑法规定共同犯罪的目的在于将不法事实归属参与人，[4] 而不包含对共同犯罪加重处罚的立法意图。恶势力的定义超越了一般共同犯罪的立法根基，加重处罚的原因在于恶势力犯罪具有区别普通共同犯罪的额外社会危害，从以下司法解释对恶势力社会危害性的评价便

[1] 参见周强：《最高人民法院关于加强刑事审判工作情况的报告》，载中国法院网，https：//www. chinacourt. org/article/detail/2019/10/id/4591214. shtml，最后访问时间：2021年10月1日。

[2] 2019年10月最高人民法院发布的《关于加强刑事审判工作情况的报告》中指出，2014年至2019年6月全国法院依法审结一审毒品犯罪案件61.3万件，判处罪犯61.9万人，重刑率达22.2%，高出同期全部刑事案件重刑率11.6个百分点。同时指出2018年至2019年审结的涉恶案件重刑率达24.1%。通过对比可以看出，2018年至2019年涉恶案件的重刑率相较于2014年至2019年全部刑事案件重刑率高出13.5个百分点。

[3] 陈兴良：《恶势力犯罪研究》，载《中国刑事法杂志》2019年第4期，第16页。

[4] 参见张明楷：《刑法学》，法律出版社2016年版，第381页。

可见一斑。2019 年“两高两部”发布的《关于办理实施“软暴力”的刑事案件若干问题的意见》第 3 条直接将“恶势力”同“凶器”的危害程度划等号，认为两者都足以对被害人“产生恐惧、恐慌进而形成心理强制”；2015 年最高检、公安部发布的《关于逮捕社会危险性条件若干问题的规定（试行）》第 6 条规定，恶势力犯罪中首要分子以及积极参加者应当认定为“有危害国家安全、公共安全或者社会秩序的现实危险”；2013 年“两高”发布的《关于办理敲诈勒索刑事案件适用法律若干问题的解释》明确“以恶势力的名义”实施敲诈勒索的，司法机关应认定行为造成了严重的后果。

对比普通的团伙或者集团犯罪，恶势力犯罪的量刑在相同情况下普遍会更重。这与刑法关于“犯组织、领导、参加黑社会性质组织罪，同时触犯其他罪名的，应当数罪并罚”的规定有一定相似性，两者的责任基础都在于形成了某个区别于一般犯罪团伙的犯罪组织。但是，在现行刑法框架下，“恶势力实际是影响恶势力犯罪定性量刑的酌定情节”❶。如果仅仅以提交给法庭的违法材料作为刑罚加重的基础，不仅会产生对同一事实重复评价的危险，也会有“将品格证据带入法庭”之嫌，亦会导致行为人因量刑材料上的“差别待遇”❷而怀疑司法公正，这就背离了犯罪预防的实质意义。从司法实践来看，施以重刑对于犯罪行为人往往只具暂时的威慑，随着威慑效果的消减，犯罪分子对刑法的失望将压过对刑法的恐惧，他们看不到刑法架设的“黄金桥”，反而会导致恶性案件的发生率不断上升。❸故而，对恶势力犯罪从重处罚的程度，应与恶势力犯罪组织的社会危害性相适应。正因为恶势力组织的存续会严重破坏社会秩序，从

❶ 黄京平：《恶势力及其软暴力犯罪探微》，载《中国刑事法杂志》2018 年第 3 期，第 65 页。

❷ 被告人会认为一些犯罪中法庭并没有将违法事实作为加重量刑的材料，而自己却不幸成为法庭“随机”将违法事实作为加重量刑材料的对象，这种在被告人看来“随机”的事件将导致他们对司法公正产生质疑。

❸ 参见张明楷：《论刑法的谦抑性》，载《法商研究》1995 第 4 期，第 60 页。

根源上阻断恶势力的形成能够更加有效地阻断恶势力犯罪带来的额外危害后果，以此实现对恶势力犯罪的针对性防控。

（二）阻断恶势力构成要素防治思路的优势

截至 2020 年 12 月，扫黑除恶专项斗争工作已开展三年，工作成效显著。[1] 专项斗争工作结束后，恶势力犯罪的治理转入常规状态并继续进行。这就要求 2021 年以后的除恶工作需从“以治为主”转变为“以防为主”。从性质定位来说，恶势力犯罪相较于一般团伙犯罪具有特殊性，有类似“身份犯”的特征，因而，组织特性的消灭才是具针对性和前瞻性的防治重点。如是，必须要清晰地认识到恶势力的组织特性，在此基础上针对恶势力的构成特点，设计阻断方案，才是常态预防模式的发展方向。通过阻断恶势力的构成要素实现恶势力犯罪预防具有以下三方面的优势。

第一，实现恶势力犯罪预防的“早发现，早打击”。由于其组织特性，对黑恶犯罪要“打早打小”。一方面，黑恶势力组织样态的存续具有社会危害性；另一方面，其实施的违法犯罪行为社会危害性大，加之对黑恶势力犯罪的侦破、惩治困难，故而只有从黑恶犯罪组织发展的源头入手，才能以最小的代价实现犯罪预防、遏制违法犯罪组织的发展壮大。[2] 一如黑社会性质组织的线性发展趋势，恶势力同样是日渐发展的犯罪组织。恶势力犯罪组织的认定需要满足特定要素，而这些要素也呈现出上升态势，其危害性伴随着违法犯罪活动的加深而增长。从恶势力的构成要素入手，把握各个要素的发展起点，以及引发这些要素产生的原因，继而实施针对性的措施，才能实现早期预防的效果。

第二，实现恶势力犯罪预防从被动的“事后”走向积极的“事

[1] 参见康均心：《2019 年中国刑法实施报告》，载《湖北警官学院学报》2020 年第 1 期，第 42 页。

[2] 参见刘宪权、林雨佳：《恶势力形态的认定及其对刑事责任的影响》，载《安徽大学学报（哲学社会科学版）》2020 第 1 期，第 121 页。

前”。受“严打”思维的影响，司法实践中出现了变相降低黑恶犯罪入罪门槛来实现“打早打小”的现象。[1] 但是，恶势力的认定依托于犯罪行为，犯罪行为在先，恶势力认定在后，犯罪的成立是认定恶势力的前提。不能认为降低入罪门槛合乎司法解释，降低入罪门槛违背了罪刑法定原则和认定犯罪的基本逻辑，容易陷入循环论证的误区。在刑法学视野下，犯罪预防主要依托于刑罚，因而“打早打小”刑事政策要突出犯罪预防功能，应当体现在刑罚的裁量方面，而非定罪方面。因此，通过处罚犯罪来预防犯罪始终是下策，这种预防手段只能在犯罪发生后才能被采用，具有明显的被动性和滞后性。恶势力的组织特性作为恶势力构成要素的核心，如果能够在其萌发的过程中被瓦解根除，那么，也就不存在发展成为恶势力犯罪组织的可能，恶势力犯罪也就得到了控制。从恶势力构成要素的组织特性入手，设计的针对性措施通常是治安防控措施，这种措施的优势在于能够在乱象出现之前就采取行动，具有较强的主动性。

第三，促进恶势力犯罪预防措施的常态化。专项斗争工作具有时效性，很多恶势力犯罪治理措施仅能应对一时之需，缺乏长期实效，未能建立起长效的恶势力犯罪预防机制。党中央提出的“常态预防”机制构建，对恶势力犯罪提出了更高的要求。常态预防不仅要将恶势力犯罪治理的重心从“严惩”转移到“严防”，而且更加强调通过社会控制实现犯罪预防，维系合法稳定的社会秩序。[2] 将犯罪预防着眼于恶势力的构成要素，目的在于强化对恶势力形成具有促进作用的社会环境的控制，抑制恶势力的形成，通过构建系列措施阻碍恶势力组织的产生，实现常态化的社会控制手段取代运动式的专项斗争工作。

---

[1] 参见王志祥、融昊：《涉黑犯罪治理中的刑事政策问题》，载《河北大学学报（哲学社会科学版）》2019 年第 4 期，第 53 页。

[2] 参见王永浩：《论惩治黑恶势力的路径转向：由“打”到“治”——兼谈基层组织建设在“扫黑除恶”中的地位》，载《犯罪研究》2019 年第 1 期，第 56 页。

二、阻断恶势力构成要素防治思路的理论支撑

（一）事前的危险控制

在古典刑罚体系中“犯罪预防并不是一种独立的国家策略”❶，预防犯罪的实现只是附带于刑罚惩罚产生的效果。后来，李斯特认识到单纯地通过刑法明文展示出犯罪行为及其处罚措施来实现犯罪预防是不够的，主张可以通过刑事政策引导犯罪预防效果的实现，以此提出执行阶段的“处遇分流”，针对社会危害性不同的犯罪分子施以不同的抗制手段，刑罚也仅仅被视为是抗制手段中的一种方式而已。❷ 李斯特严格地区分了刑事政策与刑法之间的界限，认为“刑事政策应当在刑法之外发生作用，不能侵入到刑法中来”。后来罗克辛通过在犯罪构成体系中注入刑事政策的实质价值才完成了“李斯特鸿沟”的跨越，实现了罗克辛贯通。❸ 到20世纪中期，人类社会经历了重大的转型，贝克认为需要对古典的社会学理论进行修正，并提出了“风险社会”这一概念。贝克认为潜在的社会危险对于民主制度毫无益处，“控制”“官方认可”等事前控制性概念应该被广泛应用。❹ 风险社会的来临，加剧了预防刑罚对自由刑罚的侵蚀。在风险社会的语境下，“国家的任务被认为主要不是在侵害实际发生时进行制裁，而是在危险初露端倪时就能发现并通过预防措施加以遏制或去除，事后的制裁反而成为预防无效时才会动用的补充

---

❶ ［德］迪特儿·格林：《宪法视野下的预防问题》，载刘刚编译：《风险规制：德国的理论与实践》，法律出版社2012年版，第112页。

❷ 参见劳东燕：《刑事政策与刑法体系关系之考察》，载《比较法研究》2012年第2期，第84页。

❸ 参见陈兴良：《刑法教义学与刑事政策的关系：从李斯特鸿沟到罗克辛贯通——中国语境下的展开》，载《中外法学》2013年第5期，第983页。

❹ 参见［德］乌尔里希·贝克：《世界风险社会》，吴英姿、孙淑敏译，南京大学出版社2004年版，第2-3页。

手段”[1]。这也进一步带动了预防刑法的发展，预防刑法“基于对安全的关注，着重于防范潜在的法益侵害危险，从而实现有效的社会控制”，在德国一般适用于恐怖主义、有组织犯罪等复杂犯罪。[2]

黑社会性质组织的形成并非一朝一夕，它伴随着一系列的社会危害行为而成形，该组织的存续对于社会就是危害。恶势力被定义为黑社会性质组织的雏形，其可以被视作“初露端倪的危险”。而且，恶势力形态的概念本身源自公共政策，且具有刑事政策性，充分体现了宽严相济刑事政策中“严”的一面。[3] 那么，司法机关对于恶势力犯罪的严惩态度可以解释为国家通过施加积极的、事前的控制手段来遏制黑社会性质组织的形成。这也与立法机关规定“对于黑社会性质的犯罪，必须坚决打击，一定要消灭在萌芽状态，防止蔓延”[4] 的初衷相符。

不难发现，恶势力是区别于普通共同犯罪的组织，后者的外延涵盖了前者，即普通共同犯罪团伙与恶势力还存在一定的距离。基于事前制裁衍生出来的事前预防当然可以运用到恶势力犯罪的防控中来。基于这种预防思路，可以在恶势力形成之前就通过各种手段予以阻止，也就是阻断某些构成恶势力的要素，以阻断恶势力的成形。犯罪影响因素呈现出多元化的趋势，并且随着人类认知的发展，越来越多的犯罪影响因素被发现并在犯罪预防中发挥着重要作用，犯罪社会学派的形成就得益于对犯罪影响因素复杂性的认识。因此对于恶势力犯罪也需要拓宽预防渠道，而不仅仅是通过司法解释加重量刑。如果恶势力组织的形成被阻断，自然就不存在恶势力犯罪

---

[1] 劳东燕：《风险社会与变动中的刑法理论》，载《中外法学》2014 年第 1 期，第 98 页。

[2] 参见何荣功：《预防刑法的扩张及其限度》，载《法学研究》2017 年第 4 期，第 139 页。

[3] 参见刘宪权、林雨佳：《恶势力形态的认定及其对刑事责任的影响》，载《安徽大学学报（哲学社会科学版）》2020 年第 1 期，第 119 页。

[4] 高铭暄、赵秉志：《中国刑法立法文献资料精选》，法律出版社 2007 年版，第 687 页。

了。基于刑法谦抑主义的立场，以非刑罚手段作为犯罪预防的主要手段，更加符合国家犯罪治理的总体目标，也是刑罚作为社会治理最后手段的体现。

（二）犯罪构成理论的借鉴

阶层犯罪理论在犯罪成立的判断上首先要求构成要件的符合性，通常情况下满足构成要件的行为就被认为是具有违法性的行为，因为这样的行为会侵害法益而被刑法所禁止。[1] 正如德国学者费尔巴哈曾言："犯罪构成乃是违法的（从法律上看）行为中所包含的各个行为的或事实的诸要件的总和。"[2] 对某一具体的犯罪而言，犯罪的成立必须要满足该罪所规定的全部构成要件要素，这些要素对于该特定犯罪缺一不可，这是罪刑法定原则的要求。[3] 刑法明确规定的犯罪构成是判断行为人是否应当负刑事责任的基础条件。在对行为人的行为进行对照解读后，如果其欠缺一种或者多种犯罪构成要件，那么本罪将不能作为判断行为人行为性质推理过程中的大前提。[4]

辩护人的策略虽然与犯罪预防的目的不同，但辩护人的视角实际上为犯罪预防提供了思路。在犯罪成立与否存在争议的情况下，辩护人往往会从行为欠缺某些刑法规定的特征要素入手，在成功证明行为人的行为缺少法定的禁止要素时，辩护即取得成功。从辩护人的视野出发可以发现，犯罪预防实际上可以被看作是行为构成要件符合性过程的阻断。故而，从"犯罪构不成"的角度入手，阻断某些犯罪构成要素的实现，那么，行为人在实施可能发展成为犯罪的行为时，因被抽取掉了行为在构成要件符合性发展道路上的某些

---

[1] 参见张明楷：《也谈客观归责理论：兼与周光权、刘艳红教授商榷》，载《中外法学》2013 年第 2 期，第 308 页。

[2] 陈兴良：《犯罪论体系的去苏俄化》，载《政法论坛》2012 第 4 期，第 4 页。

[3] 参见张明楷：《犯罪构成理论的课题》，载《环球法律评论》2003 年第 3 期，第 273 页。

[4] 参见杨秀清：《刑事判决已决事实对民事诉讼的证明效：理论与规则》，载《行政法学研究》2021 年第 1 期，第 82 – 83 页。

要件，该行为便不可能被定性为该种犯罪。

从2019年4月“两高两部”发布的《关于办理恶势力刑事案件若干问题的意见》（以下简称《意见》）中可以看出恶势力是同时具有多个要素的违法犯罪组织，其构成同样需要满足数个要件，在这一点上，同犯罪的成立需要满足犯罪构成要素具有一致性。对于恶势力犯罪的防治同样可以从恶势力的构成要素入手。在对恶势力进行认定时，必须要满足司法解释规定的全部构成要素。缺乏恶势力构成要素的组织实施的犯罪行为自然就不能认定为恶势力犯罪。恶势力作为共同犯罪的特殊形态，不是独立罪名，[1] 因而，对于恶势力的分析就不能像黑社会性质组织的认定一样在涉黑犯罪的构成要件内判断。故而可以借鉴构成要件理论，将恶势力的构成分解为各个要素之后，再逐一设计其阻断路径。

（三）涉黑犯罪防治思路的效仿

黑社会性质组织是在实施违法犯罪行为的过程中一步步成立的，从其组织特征反观黑社会性质组织罪可以发现，如果犯罪组织没有实施具有“严重欺压、残害百姓”性质的犯罪，也不可能被评价为黑社会性质组织罪。[2] 犯罪组织实施涉黑犯罪不可能仅仅侵害“组织、领导、参加黑社会性质组织罪”保护的法益，在组织的形成过程中，该组织成员必然会实施侵害其他法条所保护法益的行为。那么在预防黑社会性质组织罪的路径上，就可以分化为三条：其一，阻断黑社会性质组织发展过程中所惯常实施的犯罪行为；其二，阻断“组织、领导、参加”黑社会性质组织的行为；其三，阻断组织、领导、参加“黑社会性质组织”的行为，也即是将阻断的重心放在对黑社会性质组织的构建上。黑社会性质组织较之于其实施的犯罪

[1] 参见朴宗根、吕江鸿：《“黑社会”与“恶势力”犯罪的刑法界定研究》，载《西北大学学报（哲学社会科学版）》2020年第3期，第113页。

[2] 参见陈兴良：《论黑社会性质组织的组织特征》，载《中国刑事法杂志》2020年第2期，第25页。

反而是更为重要的，[1] 其组织特征才是黑社会性质组织罪成立的核心依据。“由于该组织是与社会对立的团体，因而往往有着同正常社会相抗衡的能力，以至于能够存在并延续下去，成为政府和社会难以对抗的犯罪组织。”[2] 基于这一特征，立法者往往将打击的重点环节放在犯罪组织刚刚出现，或者正处于向典型有组织犯罪过渡之时。[3] 由此可以看出最具有针对性和有效性的犯罪预防路径应当从瓦解黑社会性质组织的成立入手。

恶势力作为黑社会性质组织的雏形，其存续样态对于社会秩序的危害较之黑社会性质组织更小，但两种组织在构成上具有相似特征，正是这个原因，前者的犯罪防治思路对后者具有借鉴意义。这种犯罪防控思路在恶势力犯罪防控中的借鉴，具体表现为对恶势力相关犯罪的防控和恶势力形成的防控两方面。恶势力的认定要素包含着具有“为非作恶、欺压百姓”性质的犯罪行为，因此阻断相关犯罪行为可排除恶势力犯罪的成立。如是，同样可以通过阻断恶势力的其他构成要素以防止恶势力的形成。因为“为非作恶、欺压百姓”性质的犯罪行为本身亦是作为恶势力的构成要素被评价的，故此从具体犯罪和组织构建的防控这两方面入手，实际上可以总结为从恶势力的构成要素入手。

三、阻断恶势力构成要素的具体措施

恶势力犯罪防控独具针对性的方法是从恶势力犯罪的“身份”入手。阻止恶势力构成要素的形成，相较于犯罪发生后才动用刑罚

[1] 参见陈兴良：《论黑社会性质组织的组织特征》，载《中国刑事法杂志》2020年第2期，第35页。

[2] 赵秉志、于志刚：《论我国新刑法典对有组织犯罪的惩治》，载《法商研究》1999年第1期，第30页。

[3] 参见童春荣：《黑社会性质组织犯罪之预防性刑法规制研究》，载《当代法学》2019年第5期，第72页。

来预防犯罪，其成本更低、路径更多、实际效果也更好。从《意见》对恶势力的构成要素规定[1]来看，恶势力犯罪预防的主线应当围绕着动摇犯罪组织的稳定性，控制违法犯罪分子的纠集频率，惩治暴力、威胁类违法犯罪以及严防团伙犯罪影响范围的扩大四个方面。

（一）建立恶势力坦白揭发奖励机制

2019年10月“两高两部”发布《关于跨省异地执行刑罚的黑恶势力罪犯坦白检举构成自首立功若干问题的意见》中明确指出，公安司法机关及监狱管理部门办理案件过程中要在相互制约的基础上强化相互配合的机能，“促使黑恶势力罪犯坦白交代本人犯罪和检举揭发他人犯罪”。这实际上对公安司法机关提出了建立坦白揭发奖励机制的要求。该机制的构建应当以公安司法机关及监狱管理部门为责任主体，同级政府部门提供财政支撑；相互揭发的犯罪嫌疑人、被告人、罪犯以及提供线索的人民群众作为作为奖励的对象。该机制的构建一方面能够扩大线索来源，实现案件的迅速侦破，有效打击恶势力犯罪，防止恶势力影响范围的扩大；另一方面能够破坏恶势力成员之间的信任关系，从内部瓦解恶势力组织。

首先，公安司法机关对犯罪嫌疑人、被告人之间的相互揭发应当依法以量刑上的减轻作为奖励，并提供积极引导。具体而言，公安机关在讯问犯罪嫌疑人时应当向犯罪嫌疑人释明相关法律规定，并告知协力办案可能带来的量刑减轻。检察机关应当充分介绍认罪认罚从宽制度的刑罚减轻效果，鼓励犯罪嫌疑人自我坦白、揭发他人，在宣读公诉意见书时明确指出被告人的坦白及自首情节，并提请法官对被告人之间相互揭发这一从轻情节作出考量。法官在刑罚的裁量时也要充分考量上述情节，在法律的限度内适当从宽处刑，

[1] 2019《意见》指出：“恶势力，是指经常纠集在一起，以暴力、威胁或者其他手段，在一定区域或者行业内多次实施违法犯罪活动，为非作恶，欺压百姓，扰乱经济、社会生活秩序，造成较为恶劣的社会影响，但尚未形成黑社会性质组织的违法犯罪组织。”

并在判决书中予以明确。在量刑时，法官应结合具体情况，对于主动坦白揭发的犯罪分子尽量多地适用非监禁刑，以鼓励犯罪嫌疑人互相揭发。其次，在刑罚执行中，罪犯揭发他人“为非作恶，欺压百姓”行为的，可以作为减刑裁量的因素。监狱管理部门应对其提供必要的保护，必要时可更换关押地点。最后，人民群众发现案件线索后积极提供线索配合公安机关侦破案件的，一方面应当给予精神奖励，另一方面应当由财政部门拨发一定数额的奖金作为物质奖励，并对其个人信息和人身安全提供必要的保护。

（二）建立潜在恶势力成员帮扶挽救机制

从恶势力纠集的高频性可以看出，组织成员闲暇时间较为充裕，这提示公安司法机关，恶势力成员多为无业人员以及其他无稳定工作的人员。[1] 另有学者统计了197名恶势力犯罪分子，得出有犯罪前科的恶势力成员占比28.9%。[2] 还有学者统计发现，虽然未成年人参与涉黑恶案件的人数总量不大，但呈现逐年增长态势。[3] 恶势力成员特征呈现了潜在成员的范围，为针对性的防控措施指明了方向。维系恶势力团伙依靠的主要是物质利益，[4] 通常情况下理性犯罪人会衡量犯罪成本和收益，以决定是否加入恶势力组织实施违法犯罪活动。衡量犯罪成本的一个重要考量因素就是自身现状，包括经济状况、社会地位、人际关系等，而这些要素之间呈现同向发展的趋势，经济状况的提升会带动社会地位以及人际关系的改善。恶势力团伙

---

[1] 参见闫雨：《广州市城中村扫黑除恶中存在问题与对策探析》，载《政法学刊》2021年第1期，第53页。

[2] 参见潘贵、李国华：《我国恶势力犯罪的基本特点及量刑与法律控制：以刑事判决书为样本的实证分析》，载《西北民族大学学报（哲学社会科学版）》2019年第5期，第120页。

[3] 参见李红梅：《论打击与预防利用未成年人实施黑恶势力犯罪》，载《河南警察学院学报》2020年第5期，第20页。

[4] 参见王强军：《知恶方能除恶：“恶势力”合理界定问题研究》，载《法商研究》2019年第2期，第136页。

能够给予成员一定的物质利益，这是吸引无业人员的核心要素。构建潜在人员的帮扶挽救机制目的在于针对潜在的恶势力成员提供必要的外界干预，强化个人与社会的联系，优化潜在犯罪人的经济状况和社会地位，增加其犯罪成本，压缩潜在恶势力成员的空闲时间以降低纠集频率，“阻止个人进行违反社会准则的越轨与犯罪行为”[1]，以良好的自身状况对抗加入恶势力组织带来的利益诱惑，破坏维系组织稳定的利益基础，动摇恶势力犯罪组织的稳定性。

第一，针对恶势力成员中无固定职业者较多的现象，地方政府应该拓宽就业渠道，实现“以就业代替犯罪”的转化。对于缺乏职业能力的群体，政府应当提供专门的职业技能培训，可通过税收等政策引导和鼓励地方企业实施岗前培训、职业技能公益培训等，以促进缺乏专业能力的人员习得专业技能，增加就业机会。第二，农村恶势力犯罪频发，恶势力成员多为农民，这也要求政府大力发展地方农业经济，扩大农副产品的发展规模。农村农业部门要结合本地区的实际情况，摸清地区特色，推广适宜的经济作物，并构建完善销售网络，确保农副产品的及时变现。第三，恶势力成员中再犯率较高，究其根源在于犯罪分子的再社会化未能较好实现，后续帮教措施不完善，因而强调再社会化措施的有效运作是相当有必要的。一方面，针对行为危害性不大、主观恶性较小的罪犯，法院应当尽量适用非监禁刑，以降低其社会脱离程度；另一方面，对于刑满释放的人员，应当帮助其掌握谋生技能，结合实际情况解决其再社会化过程中遇到的实际问题，尽早摆脱犯罪的影响，以防再入歧途。[2]目前，成年犯罪人再社会化措施缺位，对服刑人员的职业技能培训不够重视，服刑出狱人员无一专长，再就业受限。公安机关应当对恶势力犯罪人员建立专门档案，强化服刑期间的职业技能培训，并

---

[1] 吴宗宪：《赫希社会控制理论述评》，载《预防青少年犯罪研究》2013 年第 6 期，第 79 页。

[2] 参见曾亚：《黑恶势力犯罪的治理模式构建》，载《中州学刊》2018 年第 5 期，第 66 页。

对其出狱后的就业情况进行回访监督，以确保其不再回归歧路。第四，未成年人辨别能力差易受社会不良环境影响，他们既是加害人也是受害人，因而要坚持“保护救助未成年被害人与打击未成年人犯罪并重”❶。家长和学校的积极配合尤为重要，适当地限制出行，强化法律意识，给予他们更多的关心和帮助；从思想上纠正他们的错误观念，行动上引导他们积极向上。2021年6月施行的《预防未成年人犯罪法》界定了未成年人不良行为以及严重不良行为，并配套了教育矫治措施，能够很好地防范未成年人涉恶作恶。相关责任主体对新法的积极践行也将进一步帮助未成年人远离恶势力犯罪。

（三）建立数据治恶防控机制

犯罪预防的根本应当是从消灭各种犯罪的萌芽因子入手，使其没有机会转化为犯罪。❷ 公安司法机关的不作为以及对违法行为的纵容，实际上是帮助犯罪构成的形成。“破窗效应”在成长型的恶势力犯罪中体现尤为明显。因此，公安司法机关应当根据自己的职权加强恶势力犯罪的防控与治理，充分展现“犯罪情境预防”理论的优势，加强可能滋生暴力、威胁类犯罪的环境监管和控制，使潜在的犯罪分子欲犯罪而不能。❸

实现事前的犯罪预防需要依托大数据分析的犯罪情境预防，将大数据技术应用于犯罪防控，可以通过分析犯罪数据库，找出潜在的犯罪规律，从而为科学决策提供技术支持。❹ 因而建立数据治恶的防控机制尤为必要，数据信息预警平台的构建也将为恶势力犯罪预

---

❶ 参见李红梅：《论打击与预防利用未成年人实施黑恶势力犯罪》，载《河南警察学院学报》2020年第5期，第25页。

❷ 参见姜涛：《破窗理论与犯罪规制模式的重构》，载《国家检察官学院学报》2016年第1期，第89页。

❸ 参见吕雪梅：《风险社会基于大数据的犯罪防控策略》，载《山东警察学院学报》2015年第6期，第128页。

❹ 参见刘成：《可防卫空间理论与犯罪防预性环境设计》，载《华中科技大学学报（城市科学版）》2004年第4期，第90页。

防提供强大助力。公安机关作为违法行为处理机关以及犯罪侦查机关，应当作为数据治恶防控机制的责任主体。公安司法机关要充分利用好大数据，收集和分析全国恶势力犯罪的数据信息，归纳出恶势力比较偏好的犯罪类型，以及其魔掌喜好伸向的行业领域，掌握恶势力适宜滋生的环境，分析恶势力犯罪发生的高危人群，从而对全国的恶势力犯罪有一个宏观了解，以便推广某地区的“除恶”先进经验。在此基础上公安机关应当将恶势力的特征与本地区的实际情况相结合，制定出较为精准的恶势力犯罪预防方案。❶ 对于恶势力组织偏好的犯罪类型，公安司法机关应当对这类犯罪进行具体分析，结合实际情况统计出本地区该类犯罪行为的高发人群、时段、区域、行业，重点加强对特定人群、时段、区域、行业的防控，阻断违法犯罪分子的纠集途径，消除暴力、威胁类犯罪适宜发生的情境，合理地布控警力，提高治安管理的效率，减少无效执勤。对于恶势力容易渗透的行业，检察机关可以检察监督的方式对该行业进行监管，确保法律规范在该行业内的有效执行，摒除恶势力易于滋生的灰色土壤，遏制恶势力对特定行业的侵染。《意见》第19条规定公检法在其诉讼文书中需明确恶势力的性质，并以此作为数据统计的依据。这一要求的贯彻落实为上述方案的实施提供了基础性条件。

（四）建立暴力、威胁类违法犯罪群众意见反馈机制

除《意见》中指出的常见犯罪类型外，凡以暴力、威胁为手段的犯罪活动只要具有“为非作恶，欺压百姓”的性质，都有可能发展成为恶势力犯罪。既然涉嫌此类犯罪的行为人具有发展成为恶势力成员的倾向，那么对于此类犯罪进行重点防治，也就从实质上阻断或者减少了恶势力犯罪。正如《关于依法严厉打击黑恶势力违法犯罪的通告》中所言：“扫黑除恶是一场人民战争。”正因如此，对

---

❶ 参见吕江鸿：《涉黑恶线索挖掘路径规范化分析与研判》，载《河南警察学院学报》2020年第1期，第31页。

于恶势力犯罪的预防必然要依靠人民群众，这也是我国刑事诉讼法明确规定的原则。因此，公安司法机关应当积极发动人民群众参与到扫黑除恶的工作中来，充分发扬人民群众在发现犯罪中的群体优势。

建立暴力、威胁类犯罪的群众意见反馈机制，让百姓成为恶势力犯罪的“侦察兵”具有不可替代的优势。第一，人民群众本系恶势力犯罪的受害者，让他们协助案件侦破，能够一定程度地缓解其与恶势力之间的紧张状态，修复被破坏的社会关系。第二，从恶势力的形成到成熟，再逐步发展成为黑社会性质组织，其影响控制的范围越大，社会危害性也越大，故而“早发现，早打击”，能够有效防范恶势力犯罪影响范围的扩大。恶势力犯罪的一个重要特征就是以暴力、威胁等方式“欺压百姓”，百姓作为直接的受害者和目击者，他们对案件事实的发现一般先于公安司法机关，群众的意见反馈能够让公安司法机关第一时间掌握违法犯罪活动信息，尽早采取应对措施，以此防范“小坏小恶”的发展壮大。第三，恶势力组织通常以暴力、威胁等方式实施犯罪活动，对该类犯罪的预警监督能够有效防范暴力、威胁类违法活动犯罪的强化升级，继而预防其转化为具有“欺压百姓”性质的恶势力犯罪。

公安司法机关应当畅通反馈渠道，公示恶势力犯罪信息，强化个人信息保护，建立群众意见反馈机制，保持与人民群众的紧密联系，从他们反馈的信息中获取重要的案件信息，及时发现恶势力的幼苗，尽早铲除社会的不安定因素。第一，要鼓励和支持人民群众检举揭发、出庭作证等。发动人民群众参与到恶势力犯罪的防控和整治工作中，从而形成全社会联动的恶势力犯罪长效防控机制。第二，公安机关应当在地方以及各乡镇派出所设立群众意见反馈点，接纳和处理群众的举报、投诉意见。第三，公、检、法以及司法行政部门，应当在其官方网站上设立专门的意见反馈板块，以畅通人民群众举报路径，并及时反馈处理结果，确保“有问有答”。推动人民群众对于具有“为非作恶，欺压百姓”特征的违法犯罪活动的举报，让人民群众成为公安司法机关的“千里眼”，让公安司法机关成为人民群众信赖的“保护屏障”，持续发扬“公安专门工作与群众路线相结合”[1] 的犯罪侦破、防治模式在恶势力犯罪预防中的独特优势。

The Construction of Long – term Prevention and Control Mechanism of Evil Forces Crime from the Perspective of Blocking Constituent Elements

Xing Zhiren　Yu Changjiang

Abstract: Evil forces are regarded as aggravating circumstances of sentencing, which is rooted in the social harmfulness of the existence of the organizational form of evil forces. According to this feature, the anti-evil work should focus on the blocking of the constituent elements of evil forces. It can better implement the criminal policy of "struggle against minor offence", improve the initiative of crime prevention of evil forces, and better meet the requirements of normal crime prevention of evil forces. This prevention and control idea can find theoretical support from the prior control of danger, the theory of crime constitution, and the prevention and control of underworld related crimes. The prevention and control policy designs specific blocking measures based on the four elements of evil forces, the main policy line should focus on shaking the stability of criminal organizations, controlling the gathering frequency of criminals, severely punishing violent and threatening crimes, and strictly preventing the expansion of the scope of influence of gang crimes.

Key words: evil force, composition elements, normalized crime prevention

---

[1] 莫晓宇：《演进与启示：中国民间社会在刑事政策体系中的角色变迁》，载《中外法学》2006 年第 6 期，第 720 页。

个性化算法定价中的垄断及其法律规制

杨　辉[*]　曹欣[**]

内容摘要： 个性化算法定价带来的价格歧视和默示合谋这两个垄断行为是未来数字经济领域中垄断风险的冰山一角。价格歧视可以将消费者剩余转向生产者剩余，默示合谋也可以通过其隐蔽性高效达成垄断协议，整个垄断利润的获得时常不为消费者和反垄断执法部门所感知。不论是价格歧视，还是默示合谋，都已超出了市场规范规制的能力之外。由价格歧视和默示合谋引发的个性化算法定价法律规制问题近年来在学界已有较多讨论，但对于个性化算法定价中的垄断行为及其危害的分析仍有进一步讨论的余地。法律规制建立在熟稔个性化算法定价的动态逻辑之上，对垄断行为进行法律规制的逻辑应在方法内容上作进一步阐释，对垄断危害的有效治理需要反垄断法的积极参与。

---

* 杨辉，男，中国科学技术大学公共事务学院副教授，研究方向：竞争法学、社会法学。

** 曹欣，男，中国科学技术大学公共事务学院法学硕士研究生，研究方向：民法学、竞争法学。

关键词： 算法定价　算法垄断　默示合谋　价格歧视　反垄断法规制

一、引言

个性化定价在经济学中通常被称为价格歧视，并同时被认为在必要的限度内属于一种正常的商业行为。这种差异化定价本质上不能构成垄断，只有当经营者采用的定价结构和方式违反竞争法才需要被规制。❶ 商品采取价格歧视策略是经营者为了获取部分或全部的消费者剩余，从而通过垄断定价行为实现垄断利润回报。在数据驱动的世界中，在线经营者或平台在技术上能够根据不同的消费特征，针对同一产品为消费者提供不同的价格。经营者可以根据消费者的财富预期进行分类，或者更确切地说是消费者对于价格的敏感程度。向那些认为价格敏感度较低的人收取更高的费用。❷ 算法实现的个性化价格表现主要是通过大数据对消费者信息进行收集整理分析，有效区分不同消费者的消费行为特征（消费记录、地域、时间、频率、性别、工具等），为每个消费者描绘特定的消费行为画像。“从技术逻辑上看，定价的算法运行是指不断输入计算机程序指令，通过试错法从‘大数据’中找出消费者目标商品与目标定价方案，使算法能够不断调整和优化价格。”❸ 通过用于实现定价的算法程序，输入需求价格弹性、需求种类总量、需求意愿程度等参数设置，形成同一时间不同消费者在同一消费购买之间的价格差异。“企业通过大数据技术几乎可以准确预测消费者真实支付意愿和消费偏好，并对消

---

❶ Venkateshwaran, Hariharan, “Anti – Competitive Nature of Pricing Algorithms”, International Journal of Legal Developments and Allied Issues (2021), p. 1.

❷ Poort, Joost and Zuiderveen Borgesius, Frederik, “Personalised Pricing: The Demise of the Fixed Price?” (2021). p. 1.

❸ 喻玲、兰江华：《算法个性化定价的反垄断法规制：基于消费者细分的视角》，载《社会科学》2021 年第 1 期，第 78 页。

费者提供定制化产品和价格，近乎于实现学术理论中理想化的一级价格歧视。”❶ 溯源传统竞争法的立法动因，消费者个体权益保护不是反垄断法评介的首要功能。❷ 但是当消费者个体权益保护超出了消费者保护法的可控范围之外，消费者个体权益保护进一步升级为整体性的公共利益诉求，这一诉求则通过政府对市场经济的社会性调控以反垄断和反不正当竞争的样态转化为市场经济的有效干预。例如，欧盟试图利用 GDPR（《通用数据保护条例》）来规范价格歧视问题，通过消费者个人信息的保护，实现反垄断监管的有效规制。“大数据算法改变了传统的市场价格形成机制，建立了一种全新的形成价格的机制，并导致价格歧视。”❸ 个性化算法定价本身只是一种算法驱动的技术行为，但当这种行为超出明显的商业限度，进而转向垄断利润的攫取，就有可能成为反垄断法上的垄断行为。价格歧视可能属于经营者滥用市场支配地位的行为，但经营者、市场支配地位的认识需要进一步讨论；默示合谋是经营者达成垄断协议的行为，但经营者协同、协议数据化的认识同样需要进一步讨论。个性化算法定价如何从技术中立行为走向垄断行为？个性化算法定价的实现垄断的关键要素有哪些？个性化算法定价的垄断行为如何有效进行法律规制？下文将逐一分析讨论这三个问题，并试图对问题的核心作出回应。

二、个性化算法定价的基本理论

不知是否因为受到 pricing algorithms 这一外文术语直译的影响，

❶ 王世强：《数字经济中的反垄断：企业行为与政府监管》，载《经济学家》2021年第4期，第93页。

❷ 我国《反垄断法》第1条：“为了预防和制止垄断行为，保护市场公平竞争，提高经济运行效率，维护消费者利益和社会公共利益，促进社会主义市场经济健康发展，制定本法。”

❸ 乔榛、刘瑞峰：《大数据算法的价格歧视问题》，载《社会科学研究》，2020年第5期，第91页。

在描述个性化定价形成价格歧视背后的技术过程时，pricing algorithms 多称为定价算法，而非算法定价。在英文中，pricing algorithms 经常与 dynamic 一起组合成 dynamic pricing algorithms 使用。在 Zach Y. Brown & Alexander MacKay 写的 *Competition in Pricing Algorithms* 一文中说道："In particular，pricing algorithms are becoming more prevalent. Algorithms can change pricing behavior by enabling firms to update prices more frequently and automate pricing decisions. "❶ pricing algorithms 这里指的是算法进行定价的自动过程，在这个语境里将其翻译成算法定价或许更符合中文用法。

（一）个性化算法定价的概念

在数字经济背景下，新的商业模式不断出现并急速扩散。通过对大量消费用户个性化数据的处理，逐步形成大数据（big data）概念。除传统的性别、年龄、教育等个人信息之外，在线购买、地理位置、搜索记录等也成为了商家的信息收集选项。❷ 算法定价早已从计算机程序用语延伸到日常生活，但个性化算法定价到底是什么，多数人仍然模糊不知。遗憾的是，国内学者鲜有对个性化算法定价概念本身作准确厘定，尤其是法律意义上的个性化算法定价。按照中文用法，个性化算法定价应该属于一个特定的合成词汇。算法定价包括个性化、算法以及定价三个部分。个性化算法定价不妨可以理解为商家以大数据作为支撑，利用编程的特定算法，在消费者购买过程中实现价格动态调整，从而实现超额利润。"随着算法被广泛运用于商业交易中，具有技术和市场优势地位的经营者尤其是互联网企业，频繁使用算法技术在信息采集、特定推送与个性定价等交易阶段实施算法歧视行为，掠夺消费者剩余价值，排除、限制市场

---

❶ Brown，Zach and MacKay，Alexander，Competition in Pricing Algorithms（2021）. p. 1.

❷ Botta，M.，& Wiedemann，K.，"To Discriminate or Not to Discriminate? Personalised Pricing in Online Markets as Exploitative Abuse of Dominance"，50 European Journal of Law and Economics（2020）. p. 382.

竞争，从市场垄断中攫取利润。”❶ 换言之，反垄断法上的算法定价需要有特定市场垄断行为语境。

在讨论算法垄断问题上，对于个性化算法定价需要有一个清晰的概念认知，这理应成为所有讨论的基本前提和基础共识。国务院反垄断委员会发布的《关于平台经济领域的反垄断指南》（以下简称平台经济反垄断指南）第17条（差别待遇）提到，是否滥用市场支配地位，通过差别待遇排除或限制市场竞争，算法是一个重要的评价因素。这里指称的算法是用于价格歧视的算法，理应构成事实上的价格不正当垄断。反垄断法规制意义上的个性化算法定价可以被定义为企业或平台通过人工智能算法对获得的具有显著个人特征的消费者购买意愿与偏好联系进行实时自动化整理分析，并将分析结果以价格歧视的形式实现超额垄断利润。反垄断法正在进行修订，个性化算法定价的概念有必要在修法中得以明确，这对在该问题中正确适用反垄断法具有重要作用。

（二）个性化算法定价的特征

个性化算法定价为不同的消费者提供个性化价格（Personalized pricing），在实现消费者领域细分的基础上完成价格歧视。按照OECD的一份报告，数据驱动下的算法促进了价格歧视。商家可以使用大数据来推断消费者的支付意愿，通过收集现有或潜在客户的信息进行准确估计。商家在一定程度上具备相应的市场支配地位，可以根据先前的预期估算值来确定歧视性价格。在极端的情况下商家也可以确立完全特定化的价格，充分提取消费者的付款意愿。❷

个性化算法定价的第一个特征就是商家通过算法完成消费者剩

---

❶ 李丹：《算法歧视消费者：行为机制、损益界定与协同规制》，载《上海财经大学学报》，2021年第2期，第18页。

❷ Marc Bourreau & Alexandre de Streel，The regulation of personalised pricing in the digital era，载OECD官网，https：//one. oecd. org/document/DAF/COMP/WD（2018）150/en/pdf? _ga = 2. 39900513. 299747810. 1621740306 - 539754463. 1621740306，2021年9月12日访问。

余到生产者剩余的转移，实现垄断消费者剩余。大数据通过算法进行价格歧视，商家可以根据潜在客户的数量逐渐将其分为更为精细的子类别。一种情况是，不同的消费者在同一时间以及同一商品购买上，因为实时购买价格的泛透明性，基于不同的消费者意愿（willingness to pay，WTP）导致了价格歧视的实际发生。在特定情况下，商家甚至会选择进行个性化定价，利用消费行为需求曲线、轨迹为每个消费者设置单独的价格。[1] 另一种情况是，同一消费者在不同时间不同购买中，因为对商家存在购买忠诚度，会产生基于消费者意愿不断提高导致价格歧视的发生。因而，个性化算法定价的第二个特征就是商家根据消费意愿进行用户购买情形划分，利用动态价格调整完成实质价格歧视。价格歧视基于消费者意愿的收集整理分析之上，消费者意愿是价格歧视问题讨论的重心。大数据下勾勒出的消费者意愿可能不仅仅是消费者个人的消费购买偏好，还可能包括消费者对于消费场景的认知错误。商家可以通过大数据和复杂的算法识别并且衡量可能影响消费者意愿的以上两个因素。通过误导，让每个消费者误以为自己获得了同等价格的对待。

以上关于消费者意愿的分析以及对消费者实现价格误导的整个过程，都是利用复杂的定价算法在大数据的支撑下自动完成的。显然这一过程有助于提高商家的市场垄断效率，但是对消费者来说已然形成了经济损害。所以，个性化算法定价的第三个特征就是利用大数据完成消费者意愿的初步勾勒，通过自动的算法定价系统实现消费者在消费场景中的认知偏差。总体而论，个性化算法定价的第一个特征可以视为目的特征，即垄断超额利润；第二个特征可以视为形式特征，即进行价格歧视；第三个特征可以视为方法特征，即引起消费者认知偏差。三个特征都是以消费者意愿为中心展开的，

---

[1] Oren Bar - Gill, "Algorithmic Price Discrimination When Demand Is a Function of Both Preferences and (Mis) perceptions", 86 (2) The University of Chicago Law Review (2019). p. 218.

消费者意愿是个性化算法定价的原点。

三、个性化算法定价中的垄断行为

关于个性化算法定价的垄断分析，不应将视野局限在个性化定价造成的价格歧视、利用算法完成的默示性共谋、经营者市场支配地位滥用等结果上。“人工智能时代，数据规模显著扩张，算法能力持续优化。科技实力雄厚、市场力量强大的经营者凭借大数据与算法工具的紧密结合，收集和分析能够反映消费者特征和行为的相关信息，以无限接近消费者购买能力和支付意愿上限的方式对消费者实施个性化定价。”[1] 这意味着作为垄断工具的算法才是未来数字经济下市场竞争的核心，拥有智能算法是形成市场垄断的关键。个性化算法定价的所有垄断结果都是经营者在消费者的消费场景中完成购买价格动态调整的，且在这种动态价格的竞争过程中实施垄断行为。

（一）价格歧视中经营者对市场支配地位的滥用

大数据时代个性化定价的兴起，激发了人们对价格歧视的分析。在有的学者看来，可以将个性化算法定价过程分为三步。“第一步，通过大数据分析消费者上网痕迹、消费习惯、个人偏好，并据此生成对应个人的用户画像。第二步，运用价格算法推测用户最大支付意愿，从而向用户推荐不同价格的个性化商品。第三步，制定一个对不同消费者索价不同的价格歧视机制，有可能是直接对不同消费者显示不同的价格，也有可能是提供间接的个性化折扣或者特定产品组合优惠。”[2] 笔者在这个基础上，对这三个步骤进一步分析。第

---

[1] 承上：《人工智能时代个性化定价行为的反垄断规制——从大数据杀熟展开》，载《中国流通经济》2020年第5期，第121页。

[2] 喻玲、兰江华：《算法个性化定价的反垄断法规制：基于消费者细分的视角》，载《社会科学》2021年第1期，第78页。

一步，利用大数据来分析消费者购买行为的特征，并将这些特征列为算法参数获得相关信息。在未经用户同意的情况下，此做法在法律上可能会涉及对消费者个人信息保护权利的损害。同时，经营者通过收集消费者个人显著特征信息实现消费者分层，划分精准市场逐步突出自己的市场优势地位。第二步，在第一步的基础上获得消费者意愿，利用其消费偏好，进行消费行为推荐。在经济上这是一种高效低成本的交易方式，是一种正常的商业行为。经营者根据消费者意愿提供多元化的商品在法律上并无不当之处。第三步，利用算法根据消费者的意愿与特征自动实现同一产品为不同消费者提供不同价格，并利用交叉补贴对消费者进行误导，在经济上完成价格歧视，最大限度掠夺消费者剩余。此做法在法律上因经营者的误导行为导致消费者遭受实质上的公平经济损失，违反了反垄断法和消费者保护法的禁止性规定。通过上述分析发现，在个性化定价形成价格歧视引发的垄断行为中，信息收集和消费误导是形成垄断的关键因素。

当价格歧视超出了必要的限度，可能会构成《反垄断法》第 17 条中的市场支配地位滥用。例如，经营者通过消费者意愿为消费者制定不同的消费价格。一部分消费者相对于另一部分消费者而言，在同等情况下购买商品，往往要支付更多的购买成本。经营者为了攫取垄断利润，以不公平的高价出售商品，同时针对不同的消费者在交易价格上实行差别待遇。所以，对于经营者市场地位的传统认知应随着时代发展而不断深化。在数字经济时代，拥有市场份额就可能拥有市场支配地位，市场支配地位的滥用不应局限于市场支配地位的认定。既然经营者实行价格歧视属于反垄断法中的市场支配地位滥用情形，那么将经营者认定为拥有相应的市场支配地位主体亦有合理之处。

（二）默示合谋中经营者通过算法达成垄断协议

经营者通过实施算法达成垄断协议，实质上一种垄断协同行为。

个性化算法定价形成合谋重点在于算法技术的智能性、高效性、隐蔽性，所以通常这种合谋都是默示合谋。“当传统反垄断法理论中的共谋行为遇上人工智能算法技术，算法共谋行为便应运而生。算法有利于共谋行为的发生，监控式算法、平行式算法、信号式算法、自我学习式算法分别会致使信使类共谋、轴辐类共谋、代理类共谋和自主类共谋形成。”❶ 第一类监控式算法（monitoring algorithms），是指对其他竞争对手的市场定价情况实时动态掌握，经营者通过避免正常的市场价格竞争形成垄断协议。第二类平行式型算法（parallel algorithms），是指不同的经营者使用相同或近似的算法进行定价，平台可能利用算法共享帮助经营者形成垄断协议。第三类信号式算法（signaling algorithms），是指经营者利用算法对有关消费者消费价格的大数据进行整理分析，通过特定信号规避明示协议并完成默示算法合谋。第四类自主式算法（self – learning algorithms），是指经营者利用算法进行人工智能学习，经营者通过自主型算法定价攫取垄断利润。

在完全竞争（perfect competition）结构下，消费者拥有很多的经营者可选择且充分了解市场，不存在垄断要素，商品的市场价格不受买卖双方控制。这种情况下，公司必须接受市场上形成的价格，所拥有的市场份额无法形成支配性地位。在不完全竞争（imperfect competition）结构下，主要有垄断和寡头垄断两种情形：垄断是一个卖家对应许多买家的市场。垄断可以通过市场价格控制权来保持潜在的竞争优势，从而确保其主导地位。寡头垄断是少数联合经营的卖方对应许多买方的市场，由少数卖家对市场进行支配。显然，在个性化算法定价的市场中属于不完全竞争。“经营者看到了算法的巨大潜力，其无须公开达成垄断协议，就可以合法手段实现限制竞争

❶ 刘佳：《人工智能算法共谋的反垄断法规制》，载《河南大学学报（社会科学版）》，2020年第4期，第81页。

行为的目的。”[1] “线上交易中，高透明度的市场环境使共谋企业无需通过可能留下证据的信息交换方式，仅需采用相同或相似的算法，即达成稳定的共谋协议。”[2] 在个性化算法定价中实时监督匹配竞争对手价格早已实现。只要大家使用相同或近似的算法进行定价，就可以在最大程度上完成默示合谋，整个合谋过程都是通过算法在线自动完成的。经营者达成垄断协议是典型的垄断行为，默示合谋形成垄断协议是属于垄断行为。

四、个性化算法定价中的垄断危害

垄断危害是由垄断行为引起的。总体而言，由价格歧视引起的垄断危害主要是损害消费者权益，由默示合谋引起的垄断危害主要是破坏市场竞争。真正需要进行法律规制的是由价格歧视与默示合谋导致的垄断行为引发的垄断危害。法律的规制依据或是具体的法律规则，或是抽象的法律原则。在现有的文献研究中，似乎都不太重视对垄断危害的分析，分析的重点大都放在了如何规制价格歧视和默示合谋。问题是，价格歧视和算法合谋行为并非法律必然的规制对象，只能当它们引发垄断危害结果时才能被规制。无论是损害消费者权益还是破坏市场竞争，危害才是规制的重心。

（一）损害消费者权益

个性化定价从表面上来看，是丰富了消费者的选择空间和服务体验，但基于商业逐利的本质，实质上利用卖家和买家双方之间的信息不对称对消费者进行误导。卖方设定更高的价格可以赚更多的钱，大数据和复杂的算法可以轻易让价格个性化。在个性化定价过

[1] 丁国峰：《大数据时代下算法共谋行为的法律规制》，载《社会科学辑刊》2021年第3期，第128页。

[2] 李丹：《算法共谋：边界的确定及其反垄断法规制》，载《广东财经大学学报》2020年第2期，第106页。

程中，消费者意愿是定价的关键。经营者通过算法对消费者意愿相关的数据进行收集整理分析，发现消费者购买成本的高低主要不取决于实体经济中商品价值、供需关系、替代产品等因素。事实上，真正对消费者购买成本形成实质影响的是消费者的消费位置、消费场景、消费工具、消费频率、消费记录等消费偏好。经营者通过算法对消费者的消费偏好进行误导，造成消费者自以为公平的心理预期，然而这种“形式公平”并不意味着实质公平。经营者为消费者提供个性化服务是为了获得市场支配地位，通过交叉补贴的形式不仅可以满足消费者日益渐增的个性化需求，同时也给超额垄断利润的攫取提供了机会。垄断不仅让消费者失去知情权，更重要的是失去了与经营者通过议价实现市场博弈的机会。

收集消费者信息本身并不意味着会对消费者造成损害，滥用消费者信息才会出现损害。滥用消费者信息有两个主要方面的表现，一方面收集消费者的位置、性别、年龄等信息只对一部分经营者具有正当的了解市场需求的意义，对于其他没有正当需求的经营者，利用这些信息预判消费者意愿，实属对消费者信息的滥用；另一方面具有正常市场收集需求的经营者本应将收集到信息用于提升自身产品价值以及为消费者提供更好的服务上，但其却将这些信息用于消费者细分以误导消费者非理性消费。在卖家网站或其他电子商务网站上的购买记录甚至浏览记录中，明显带有消费者意愿的个人信息可被消费者用于实现算法定价。部分消费者可能在电子账号和购物软件中清除了相关的消费历史记录信息，但是作为卖家的网站和平台仍然可以通过技术手段长期保留这些信息。个性化定价建立在消费者信息被滥用的基础之上，消费者信息的收集和滥用都可以通过算法实现，这一过程基本上不会被消费者悉知。

（二）破坏市场竞争

随着大数据与算法定价的兴起，经营者在个性化算法定价中形成的价格歧视和默示合谋，对现有的市场经济秩序造成了破坏。经营的本质是逐利的，经营者从相互之间的价格竞争到垄断协议的达成，均是为了攫取垄断利益。在原有的市场经济中，通过竞争获取更多的市场份额，拥有相应的市场支配地位才是经营者的主要选择。在现有的反垄断法条款中，垄断协议、滥用市场支配地位、经营者集中是规制的三大重点问题。看似是三个问题，在实践中其实是一个问题，即市场份额问题。数字经济时代的今天，经营者的竞争策略发生了改变，原因是市场份额不再是市场支配地位的唯一决定因素。原来只有可能在市场份额多的经营者出现的垄断行为及其垄断危害，现在有可能发生在更多经营者的经营之中。针对原有垄断行为及其危害的现行反垄断法规制框架已然心有余而力不足，以至于在反垄断法正式修订完成之前，需要先行制定《平台经济反垄断指南》对平台经济中出现的“大数据杀熟”“电商平台二选一”“互联网领域的轴辐协议”等热点问题进行回应。这份指南沿袭了现行反垄断法的规制框架结构，并针对当前数字经济中出现的平台经济、经营者、经营市场等进行了更为明确的说明和认定。

价格歧视的危害在于经营者滥用市场支配地位，对原有的市场竞争环境进行破坏，具体表现为不公平价格行为和差别待遇行为。在个性化算法定价过程中，价格不再受限于原有的产品价值和使用价值的影响。为了获得超额利润回报，经营者通过实时动态算法定价将消费者偏好与产品固有的价格结合成消费者意愿。由于消费者意愿的差异，经营者针对同一产品可以制定出不同的多组价格。不公平价格行为帮助经营者实现消费者剩余到生产者剩余的转移，实现消费者剩余垄断，从而获得超额利润。不公平价格行为将扰乱原有的市场定价结构，市场价格混乱导致经营者经营混乱，商品价值与商品使用价值缺乏必要联系。差别待遇行为将排除和限制市场竞争，加剧市场中经营者之间的不完全竞争状态。

默示合谋的危害在经营者达成不易被察觉监管的垄断协议，不仅对原有的市场竞争造成破坏，同时对反垄断执法部门的执法工作带来了现实困难。相较于传统背景下的垄断协议，基于算法模式合谋形成的垄断协议拥有很强的隐蔽性和高效性，这种垄断协议基本上无法被完全识别，所以才出现执法甚至司法部门要求企业公开算法的要求。整个默示合谋过程都可以借助于算法的智能性在线完成，并且协议的内容和主体也可以在算法对数据进行分析和整理后进行更改。与其说算法共谋下的垄断协议是一个协议，不如说是一系列协议。因为协议的隐蔽、复杂、多变性，导致根本无从得知协议的存在，执法更是无从说起。同时，也因为协议都是在线自动完成，达成协议的主体、时间以及方式等在认定上仍然存有困难。默示合谋将排除或限制竞争，垄断协议未来可能成为反垄断执法部门的监管重心。

五、个性化算法定价中的垄断规制

个性化算法定价产生垄断危害时需要进行法律规制。对于个性化算法定价的垄断规制可以分为对价格歧视的法律规制和对默示合谋的法律规制两个方面。

首先，对于价格歧视而言，禁止价格歧视实非明智之选。实践表明，如果价格歧视更加透明，消费者将会对价格歧视做出积极迅速的反应。大多数人坚持认为价格歧视是不公平且无法接受的。但是根据经济学的相关理论，价格歧视与社会福利相关。完全实现价格统一既无可能，也实非好事。因而，法律上的价格歧视和经济上的价格歧视要分开对待。经济意义上的价格歧视可以通过市场经济活动本身进行调控，当价格歧视构成经营者滥用市场支配地位之时才应考虑通过反垄断法进行法律层面的规制。

其次，对于默示合谋而言，提升算法透明度仍然难以实施。诚然，要求企业提供算法透明度，可以作为疏解默示合谋问题的一种方法。但需要指出的是，关于算法透明度本身仍然有很多值得反思的问题。现有研究中，算法透明度一直被学者呼吁，但算法的结构性问题却少有学者明确涉及。随着算法自主学习能力的提高，算法有可能实现完全自主学习。与传统反垄断法中所规制的算法合谋不同，这种算法不需要任何明确的合谋协议。算法公开比提升算法透明或许更有实践的意义和效率。

最后，对于算法定价类型而言，按照 OECD 的分类可分为监控式、平行式、信号式、自主式四种。理论上，可以对四种类型分别提出不同的法律规制方案，但由于算法尚处于动态发展之中，算法类型会随着人工智能（AI）技术的发展不断优化。按照算法使用主体对算法产生的垄断问题进行法律规制，或许更为符合现实需要。

（一）价格歧视的法律规制逻辑

首先要明确原则条款和规则条款之间的适用关系。

一般来说，原则条款是规则条款的有益补充和理论依据。反垄断法中的所有的规则都是为了保护市场公平竞争。作为原则，保护市场公平竞争亦是所有具体规则的应有之义。但面对具体的垄断行为与垄断危害，规则相较于原则更为具体，更符合法律进行有效规制的实际需要。所以，价格歧视的法律规制还是应以规则作为法律依据，即现行《反垄断法》第 17 条是对价格歧视进行法律规制的主要依据。价格歧视的法律规制逻辑也要从垄断危害转向垄断行为。

其次，价格歧视的法律规制是进行一元规制，还是进行二元规制需要进行讨论。所谓一元规制是将价格歧视本身作为垄断危害。这种规制模式下，规制的是价格歧视行为本身，而非价格歧视行为引发的垄断危害。只要经营者实施了价格歧视行为并符合反垄断法滥用市场支配地位认定要件即应进行反垄断法规制，通过反垄断法将其分为合法的价格歧视与非法的价格歧视。二元规制是将价格歧视引发的不公平价格和差别待遇作为垄断危害。这种规制模式下，规制的是价格歧视引发的垄断危害，价格歧视本身并非规制的对象。

具有市场支配地位的经营者只有在实行价格歧视的过程中引发了不公平价格和差别待遇垄断危害情形才属于反垄断法上的滥用市场支配地位。相较于一元规制，二元规制从垄断危害着手，既避免了对价格歧视的非法规制情形，也为价格歧视的法律规制认定要件提供了更为精准的分类说明。

最后，价格歧视法律规制的认定要件采用列举式还是说明式同样需要作相应的讨论。列举式是将认定要件具体化，分为几个要素和层面，同时对除外情形作出例外性规定。每个要素都精确到识别标准（相同、类似、不同等），每个层面都精确到语义范围（主体、内容、客体等）。说明式是将认定要件抽象化，只有认定的基本原则，没有认定的具体依据。囿于算法的复杂易变特征，个性化算法定价下的价格歧视无法统一用是或否的结构进行甄别，认定要件应由列举式和说明式有机结合形成。在反垄断法尚未修改完成的情况下，价格歧视的法律规制还是应以《反垄断法》第17条为主，并结合《国务院反垄断委员会关于平台经济领域的反垄断指南》（以下简称《平台经济反垄断指南》）中的认定要素对价格歧视中的滥用市场支配地位行为进行综合考虑。

（二）默示合谋的法律规制逻辑

默示合谋引发的垄断后果主要表现为垄断协议的达成。在数字经济下的平台经济中，默示合谋是达成垄断协议的重要方式。垄断协议是指经营者排除、限制竞争的协议、决定或者其他协同行为。《平台经济反垄断指南》第2章“垄断协议”对垄断协议的类型和协同行为的认定作了具体说明。垄断协议的形式主要是纵向垄断协议、横向垄断协议以及轴辐协议。纵向垄断协议是指经营者与交易相对人可能通过算法设定、限定、统一等方式达成固定转售价格、限定最低转售价格等。

在纵向垄断协议中，默示合谋不仅可以让经营者完成价格动态调整，还可以利用数据和算法对价格进行限定。横向垄断协议是指具有竞争关系的经营者可能通过信息收集、交换、联络等方式达成固定价格、分割市场、限制产（销）量、限制新技术（产品）、联合抵制交易等。在横向垄断协议中，默示合谋除可以让经营者进行数据的收集、整理与分析之外，还可以通过算法对数据信息进行共享、联络和协同。轴辐协议是指具有竞争关系的经营者可能借助与经营者之间的纵向关系，或者由经营者组织、协调，达成具有横向垄断协议的效果。

在轴辐协议中，默示合谋可以通过不同类型的算法技术，对相关市场实现竞争的限制与排除。默示合谋可以达成垄断协议的关键在于默示合谋的协同行为。更准确地说，默示合谋就是算法驱动下的一种协同行为。国务院反垄断委员会在《平台经济反垄断指南》中指出，如果通过直接证据难以认定竞争者之间存在协同行为，那么具有逻辑一致的间接证据也可以作为认定的依据。事实上，默示合谋因为其隐蔽性，只能作为间接证据。

默示合谋造成的垄断危害主要是促成垄断协议的达成，且保证这种垄断协议不易被察觉，更不易被执法部分进行监管。究其根本，在于算法技术驱动下的默示合谋具有高效性和隐蔽性，垄断协议与其说是一种具体的协议，不如说是一种实施动态调整的协同行为。传统上认为，合意只是协议的前提，但在默示合谋中，合意就是协议。协议的内容则由算法自动实现，无须其他因素介入。在现行的《反垄断法》中对于默示合谋进行法律规制的依据主要是第 13 条和第 14 条。但在具体的实践过程中，协议内容不是由经营者确定的，是在经营者达成默示合谋之后，通过算法自动确定的。在这个过程中，经营者达成了排除或限制竞争的合意，至于垄断方式、内容、主体均由算法在线自动化实现。这就意味着，对默示合谋的性质认定是进行法律规制的前提。

默示合谋进行规制的主体应该是使用者（一般为经营者），而非算法技术。至于算法技术开发与应用带来的垄断风险应该另行讨论，不应混在一起。默示合谋进行规制的内容应该是经营者排除或限制竞争的合意，合意的认定可以通过间接证据进行推断。默示合谋进行规制的客体应该是经营者的协同行为，协同行为的认定应当根据市场情况进行判定。在反垄断法尚未修改完成的情况下，默示合谋的法律规制还是应以《反垄断法》第1条“预防和制止垄断行为，保护市场公平竞争”为主，并结合《平台经济反垄断指南》中的认定要素对默示合谋中的经营者协同行为进行综合考虑。

Monopoly and Its Legal Regulation in Personalized Pricing Algorithms

Yang Hui　Cao Xin

Abstract: The two monopolistic behaviors of price discrimination and tacit collusion brought about by personalized algorithm pricing are the tip of the iceberg of monopoly risks in the future digital economy. Price discrimination can turn consumer surplus into producer surplus, and implied collusion can also reach a monopoly agreement through its concealment and efficiency. The acquisition of the entire monopoly profit is often not perceived by consumers and anti-monopoly law enforcement agencies. Whether it is price discrimination or tacit collusion, it is beyond the ability of the market to regulate itself. In fact, the legal regulation of persona-lized algorithmic pricing caused by price discrimination and tacit collusion has been discussed in academia in recent years, but there is still room for further discussion on the analysis of monopolistic behavior and its harm in personalized algorithmic pricing. Legal regulation is based on the dynamic logic of familiar personalized algorithmic pricing. The logic of legal regulation of monopoly behavior should be further explained in the method content. Effective governance of monopoly harm requires the active participation of anti-monopoly law.

Keywords: algorithmic pricing, algorithmic monopoly, tacit collusion, price discrimination, anti – monopoly regulations

论混合担保下担保人间的追偿权
——以《民法典担保制度司法解释》第 13 条为视角

张金蕾[*]　董泽瑞[**]

内容摘要：混合担保下各担保人间是否享有追偿权在《物权法》时代就一直存在较大争议，进而在学术上逐渐形成了“支持说”和“否定说”两大观点。《民法典》物权编第 392 条延续了原《物权法》的条文，因此，关于混合担保下各担保人间是否存在追偿权的问题仍不明确。值得注意的是，《民法典担保制度司法解释》第 13 条明确了混合担保下各担保人间存在追偿权的情形：各个担保人之间约定可以追偿、各担保人承担连带担保，实质确立了“混合担保下，若无特殊约定，各担保人相互间应无追偿权”的规则。因此，在解决该类问题时要走出混合担保下各担保人间享有追偿权的理论误区，明确“除约定追偿和连带担保外，混合担保内部担保人之间

* 张金蕾，法学博士，大连海事大学法学院副教授，硕士生导师，研究方向：海商法。
** 董泽瑞，大连海事大学法学院海商法硕士研究生，研究方向：海商法、民商法。

不享有追偿权的立法目的”。

关键词： 混合担保　追偿权　民法典担保制度解释　连带债务

一、混合担保下担保人间的追偿权问题的争论与规范回应

（一）“持续”的争论——混合担保人之间的追偿问题

1. 关于混合担保类型的确定

混合担保下各担保人间是否享有追偿权在民法学界一直存有争议，而关于混合担保的类型在我国学术理论上也存有不同观点，难有定论。因此，在解决混合担保下各担保人的追偿权问题时，首先要明确何种类型的担保归属于混合担保。

《民法典》物权编第 392 条以“被担保的债权既有物的担保又有人的担保”来表述混合担保，[1] 而在学术界，学者对混合担保有不同的理解，如“混合共同担保”“物的担保与保证并存”“担保物权与人的担保的并存”“混合担保”。从担保性质上来讲，混合担保要求同时存在两种不同性质的担保，人保和物保对应《民法典》下的保证合同和担保物担保，二者都是为了保障债权人债权的实现。债权同时存在人保和物保的情形包括：（1）同一债权上有不同民事主体设立的数个性质不同的独立担保（债权由担保人或债务人提供担保物担保，同时由其他保证人保证）；（2）债权仅由一位担保人提供担保，但该担保人同时提供不同性质的担保（债权由保证人担保，同时该保证人也提供担保物担保债权）；（3）同一债权上存在多个担保人，多个担保人分别提供不同类型的担保，有的提供担保物担保，有的作为保证人担保，而且担保人之间互相有意思联络，债权人与众担保人只成立一个“担保人为多数”的担保合同；（4）债权上可

[1] 《民法典》物权编第 392 条为人保和物保并存时的担保权实现规则，该条规则只适用“被担保的债权既有物的担保又有人的担保”情形。

能同时存在第（1）、第(2)、第(3）种情形。第（2）种情形下保证人既承担保证责任又提供其他担保物担保债权的，不会发生担保人之间的追偿问题，本文不予讨论。本文讨论的“混合担保”情形为上述第（1）、第(3）种情形。

需要注意，同一债权有数个性质相同的独立担保（债权上同时存在多个保证人担保或有多个担保人同时提供担保物担保）的情形不符合《民法典》物权编第392条关于担保性质不同的要求，该担保应当为共同保证或共同担保。共同保证情形下，《民法典》规定由各保证人依约定承担按份责任，没有约定时应承担连带责任，但未明确关于保证人之间的追偿问题；在担保物共同担保债权的情形下，债权人如何实现担保物权以及各担保人间的追偿问题也未明确，尚待讨论。

《民法典》物权编第392条规定的“人保和物保并存时担保权的实现规则”用来解决混合担保下债权人如何行使担保权，而债权人行使何种类型的担保权以及行使担保权的顺序必然会涉及混合担保下各担保人之间的法律关系。混合担保下担保人之间的追偿权问题也是各担保人之间的法律关系带来的“连锁反应”。

2. 关于混合担保下各担保人间是否享有追偿权的争论

原《担保法》第28条第1款确立了债权上存在混合担保，债权人通过行使担保权实现债权时，担保物权必须实现在先的规则，该规则是将保证人的担保法定化为了担保物担保的补充担保，确立了保证人仅对担保物不足以清偿债权的余额部分承担担保责任的特有制度。虽然在该规则下物上担保人和保证人之间相互求偿的争议可得以避免，但是，该规定忽略了当事人的意思自治。最高人民法院注意到了该问题，在随后出台的《担保法司法解释》中改变了《担保法》中关于“保证人承担补充担保责任”的制度设计，[1] 在物的

[1] 原《担保法司法解释》第38条第1款规定：“同一债权既有保证又有第三人提供物的担保的，债权人可以请求保证人或者物的担保人承担担保责任。”

担保上作了主体的区分，区分债务人自己提供的物的担保和物上担保人提供的物的担保，相对于他物担保人的担保责任而言，保证人的担保责任不再具有补充性，保证人或者物上担保人均有可能被债权人要求先承担担保责任；物上担保人或保证人在承担担保责任后，有权选择向债务人或其他担保人行使追偿权，使其他担保主体分担担保责任相对应的份额。然而，《物权法》起草者以物上担保人和保证人之间缺乏意思表示联络，相互求偿不合法理、不公正为由，认为不宜承认物上担保人和保证人的相互求偿。[1] 但是，最终施行的《物权法》对此问题并未作出规定，没有明确的法律条文作为该问题的解决依据，由此引起了学术界关于“应否承认混合担保下各担保人相互享有追偿权”的持续讨论，学者意见不一，逐渐形成了“肯定”[2] 和“否定”[3] 两大阵营。

关于混合担保下各担保人之间的追偿问题，《民法典》物权编第392条完全移植了原《物权法》的相关规定，“肯定说”和“否定说”的争论仍未有定论，但从《民法典》物权编的起草、审议过程中我们可以看出立法者在此问题上所采取的否定态度。《民法典》物权编关于混合担保的立法经历了以下过程：2017年11月公布的《民

---

[1] 参见胡康生：《中华人民共和国物权法释义》，法律出版社2007年版，第381－382页。

[2] 参见黄忠：《混合共同担保之内部追偿权的证立及其展开——物权法第176条的解释论》，载《中外法学》2015年第4期，第10－16页；高圣平：《担保物权司法解释起草中的重大争议问题》，载《中国法学》2016年第1期，第241－245页；贺剑：《走出共同担保人内部追偿的“公平”误区——〈物权法〉第176条的解释论》，载《法学》2017年第3期，第92页；程啸：《担保物权研究》，中国人民大学出版社2017年版，第154－158页。

[3] 参见黄喆：《保证与物的担保并存时法律规则之检讨——以〈物权法〉第176条的规定为中心》，《南京大学（哲学·人文科学·社会科学版）》2010年第3期，第143页；江海、石冠彬：《论共同担保人内部追偿规则的构建——兼评〈物权法〉第176条》，载《法学评论》2013年第6期，第115－118页；李红建、雷新勇：《人保与第三人物保的相互追偿及担保物权未设立的责任问题探讨》，载《法律适用》2014年第8期，第31－33页；崔建远：《混合共同担保人相互间无追偿权论》，载《法学研究》2020年第1期，第99页。

法典物权编（草案）》（室内稿）第180条、第181条，其中第181条肯定了担保人内部追偿权；2018年8月公布《民法典物权编（草案）》（一审稿）第183条；2019年4月公布的《民法典物权编（草案）》（二审稿）第183条；2019年12月公布的《民法典（草案）》第392条；2020年5月《民法典》第392条。从一审稿到《民法典》正式颁布，立法者全部采纳了原《物权法》第176条的规定，未明确规定混合担保下各担保人之间享有追偿权。从《民法典》的起草过程来看，表明了立法者对“混合担保下担保人间是否享有追偿权”的问题从肯定到否定的态度转变，从最高人民法院2019年发布的《全国法院民商事审判工作会议纪要》（以下简称《九民纪要》）第56条来看，[1] 也表明了司法机关对于“混合担保下担保人之间不存在追偿权”的肯定态度。

（二）“柳暗花明”——司法解释明确了担保人的追偿权情形

2021年1月1日施行的最高人民法院《民法典担保制度司法解释》（以下简称《担保制度司法解释》）第13条明确规定了债务在存在多个担保时各担保人的追偿问题，在担保人约定相互追偿、承担连带担保、各担保人在同一份合同书上签字、盖章或者捺指印的情形下，承担了担保责任的担保人有权向其他担保人追偿。笔者认为，《担保制度司法解释》第13条实质上是确立了只有在各担保人构成连带担保时，承担了担保责任的担保人才有权向未承担担保责任的担保人追偿，原因是在各担保人构成连带担保时各担保人之间形成了连带债务关系，连带债务关系之下，担保人必须要有担保人之间的合意，体现在以下三方面：各担保人通过约定明确可以相互追偿；担保人明确约定彼此构成连带共同担保关系；担保人全部在

---

[1] 《九民纪要》第56条规定：“承担了担保责任的担保人向其他担保人追偿的，人民法院不予支持，但担保人在担保合同中约定可以相互追偿的除外。”

同一份合同书上签字、盖章或者按指印。❶ 同时，该司法解释规定下的“多个担保”应当包括混合担保、担保物共同担保和共同保证的情形。❷

《担保制度司法解释》第 13 条表明在混合担保、担保物共同担保和共同保证的情形下，不能想当然地认定承担了担保责任的担保人有权向其他未承担担保责任的担保人追偿，只有各担保人之间存在的数项义务具有内在联系的共同关系时才有可能确立追偿权制度。❸ 如果各担保人承担的不是连带债务或担保人之间未约定可以追偿而赋予各担保人追偿权，会造成法学理论解释上的困境：承担了担保责任的担保人会通过向其他担保人行使追偿权的途径来减少自己的财产损失，这虽使其降低了自己的可预见风险，但却打破了混合担保下各民事主体间的利益平衡，表面上看似公平，实质上有违公平，攫取了他人的利益。❹ 因为，混合担保下各担保人之间无意思联络时，担保人清楚自己有承担全部债务的风险，此时的担保关系本身就是债权人、债务人和担保人三者之间意思表示达成一致的法律关系，三者之间的利益处于平衡：债务人在债务到期时必须向债

---

❶ 《担保制度司法解释》第 13 条规定：“同一债务有两个以上第三人提供担保，担保人之间约定相互追偿及分担份额，承担了担保责任的担保人请求其他担保人按照约定分担额的，人民法院应予支持；担保人之间约定承担连带共同担保，或者约定相互追偿但是未约定分担份额的，各担保人按照比例分担向债务人不能追偿的部分。同一债务有两个以上第三人提供担保，担保人之间未对相互追偿作出约定且未约定承担连带共同担保，但是各担保人在同一份合同书上签字、盖章或者按指印，承担了担保责任的担保人请求其他担保人按照比例分担向债务人不能追偿部分的，人民法院应予支持。”

❷ 吴光荣教授在《共同担保人之间的追偿问题——以共同担保的再类型化为中心》一文中是以共同担保的情形展开论述担保人之间的追偿权，混合担保、共同保证、担保物共同担保下担保人的追偿问题可归纳为共同担保下担保人的追偿问题。参见吴光荣：《共同担保人之间的追偿问题——以共同担保的再类型化为中心》，载《法律适用》2021 年第 3 期，第 61－63 页。

❸ 参见［德］迪特尔·梅迪库斯：《德国债法总论》，杜景林、卢谌译，法律出版社 2004 年版，第 609 页。

❹ 参见崔建远：《补论混合共同担保人相互间不享有追偿权》，载《清华法学》2021 年第 1 期，第 7 页。

权人清偿债务；债权人有权在债务到期时向债务人主张债权实现，债务人在债务到期时未能向债权人清偿债务的，债权人可以向担保人行使担保权以实现债权；担保人不用考虑其他担保人的情况，只需根据债务人履行债务的情况承担担保责任——担保人可能不用承担担保责任，担保人可能承担部分担保责任，担保人可能承担全部担保责任。

二、走出“肯定混合担保下各担保人间享有追偿权的理论误区”

面对“混合担保下担保人间是否互相享有追偿权”的实践问题，司法裁判不仅应依据《担保制度司法解释》第13条确立的“若无特殊约定，混合担保人相互无追偿权”规则，采纳“混合担保人内部追偿权的否定说”观点，也要“走出”关于“肯定混合担保下各担保人间享有追偿权”的理论误区。否则，不但不能从根本上解决该类问题，反而会引起更多的争议。

（一）关于“道德风险”误区

有学者指出，如果不采纳“混合担保人内部追偿权的肯定说”观点，可能会引发这样恶劣的后果：担保人在利益的促使下“买通”债权人，通过各种方式向债权人支付金钱数额低于担保责任的“贿赂”来换取债权人放弃要求自己承担担保责任；再者，担保人也可能通过自行购买或者第三人代为购买债权的方式获得“债权”，继而以债权人的名义向其他担保人主张担保权，使自己免于承担担保责任，甚至还能借机压榨其他担保人。[1] 对于该观点，崔建远教授有不同的看法——“担保人‘买通’债权人来免除自己担保责任的承担

[1] 参见贺剑：《走出共同担保人内部追偿的“公平”误区——〈物权法〉第176条的解释论》，载《法学》2017年第3期，第84页。

属于《民法典》第154条规定的恶意串通的民事法律行为，应属无效。‘行贿担保人’可以主张该行为无效，收回‘贿赂款’；其他混合担保人也存在救济的途径，比如，其他混合担保人可以援用诚信原则，主张债权人不能获得大于自己原债权的利益，从而得以减轻自己所负担保责任的数额，同时使‘行贿担保人’的目的落空。”❶但是，由于此“贿赂”行为通常较为“秘密”，其他担保人可能无从知晓；从举证角度来看，其他担保人即便知晓此行为，也会存在举证上的困难，难以证明该行为的存在。笔者认为，这种“道德风险”实质上是担保人承担的法律风险，而且不会通过某一担保人的“贿赂”行为转移给其他担保人。担保本身就伴有法律风险，担保人承担的担保责任在提供担保物时就已经确定，担保人可能承担的债务份额同担保物的价值相当，这种风险在担保人提供担保物时就已经存在，并不会因为其他担保人“贿赂”债权人而使“承担担保责任的风险”在担保人间相互移转。“贿赂”行为只会徒增“贿赂担保人”的经济负担，而不会对其他担保人产生不利。

《担保制度司法解释》第14条规定：“同一债务有两个以上第三人提供担保，担保人受让债权的，人民法院应当认定该行为系承担担保责任。受让债权的担保人作为债权人请求其他担保人承担担保责任的，人民法院不予支持。”该规定对担保人向债权人购买债权转而向其他担保人主张担保权的行为进行了防范。

（二）关于“效率”价值的误区

在上述“贿赂”行为的基础上，学者进一步提出了效率问题，即“担保人的‘贿赂’行为和担保人的投机行为会使当事人除了偿还原债权外，再额外增加‘交易’成本，此交易成本就是担保人的‘贿赂’款项。相反，若允许担保人相互追偿，上述额外增加‘交易’成

❶ 崔建远：《混合共同担保人相互间无追偿权论》，载《法学研究》2020年第1期，第97-98页。

本的投机行为就不会存在，因为担保人失去了投机行为的动力”。[1] 笔者认为，此种现象不会引发效率问题，因为在上述现象中，资金是在债权人和担保人之间流转，交易成本虽有提高，也只是在债权人和担保人内部发生，社会财富并未增加，因此不能用效率原则加以衡量。相反，如果混合担保人之间未有约定而允许各担保人相互追偿，各担保人会陷入“无限追偿的困境”，追偿会有“第一轮次”“第二轮次”甚至“第三轮次”，这不仅会使法律关系复杂化，也会增加交易成本，甚至浪费司法资源。[2] 此外，在各个担保人没有明确约定可以互相追偿时，各担保人之间可能不知道彼此的存在，承担了担保责任的担保人向谁追偿、追偿份额等问题也会无法解决。

（三）关于代为清偿的理论误区

有学者提出“类推适用第三人代位权解释担保人内部追偿权”。[3] 笔者认为，担保物权是为了债权实现设定的，基本特质是担保，而不是第三人代为清偿债务。第三人代为清偿债务制度规定在《民法典》合同编第524条规定，债务人不履行债务时，对履行该债务具有合法利益的第三人有权向债权人代为履行。债权人接受第三人履行后，其对债务人的债权转让给第三人。首先，此处的第三人是与债务人有法律利害关系的第三人，虽然担保人与债务人的关系也可以理解为存在法律利害关系，债务人一旦不能届期清偿债务，债权人要通过担保人实现债权，但是第三人代为清偿为事实行为，而担保人承担担保责任是基于约定产生的法律上的义务。再者，担保人承担担保责任属于履行自己的担保，而非以第三人的身份代替债务人履行债务。

---

[1] 贺剑：《走出共同担保人内部追偿的“公平”误区——〈物权法〉第176条的解释论》，载《法学》2017年第3期，第84页。

[2] 参见崔建远：《补论混合共同担保人相互间不享有追偿权》，载《清华法学》2021年第1期，第8页。

[3] 高圣平：《混合共同担保的法律规则：裁判分歧与制度完善》，载《清华法学》2017年第5期，第154页。

（四）关于类推适用《民法典》合同编第700条的误区

有学者提出，“在混合担保中，对于各担保人之间相互求偿的法律依据难题可以采用类推适用的方法解决，可类推适用《民法典》合同编第700条，作为混合担保下担保人之间相互求偿的请求权基础”[1]。《民法典》合同编第700条规定了保证人承担保证责任后享有债权人对债务人的权利，但是“债权人对债务人的权利”表意不明，该“权利”是仅指债权人对债务人享有的权利，还是包括债权人对其他保证人享有的权利，仅从文义解释来看，尚不清楚。笔者认为该“权利”仅指债权人对债务人享有的权利，而不包括债权人对保证人享有的权利。如果保证人可以在承担了保证责任后向其他保证人主张权利，相当于把自己的责任全部转嫁给了其他一个或几个保证人，一来，这有违保证人地位平等的法理；二来，被追偿的保证人还可能继续会向其他保证人行使追偿权，保证人之间会陷入竞相承担保证责任的“循环”追偿当中。《担保制度司法解释》第18条第1款规定承担了担保责任或者赔偿责任的担保人，有权在其承担责任的范围内向债务人追偿，《担保制度司法解释》第18条第2款规定了债权同时存在自物担保和他物担保时，承担了担保责任的物上担保人，有权主张行使债权人对债务人享有的担保物权，这说明担保人在追偿时只能向债务人追偿，即便其代位行使债权人对担保人的担保权也仅是针对债务人自己提供担保物的情形。

三、混合担保下担保权实现后担保人的追偿权分析

同比较法下存在的混合担保的担保权实现模式不同，《民法典》立足于我国本土的法律实践，构建了独特的混合担保下担保权实现

---

[1] 邹海林：《我国〈民法典〉上的“混合担保规则”解释论》，载《比较法研究》2020年第4期，第105页。

的规则，解决了担保权如何实现的难题。而关于混合担保下担保权实现后产生的担保人之间的追偿问题，则应该遵循《担保制度司法解释》第13条的规定——仅在当事人约定相互追偿时和担保人承担连带债务时，肯定担保人可以相互追偿。除此之外，不能认定混合担保人内部享有追偿权。

（一）比较法视野中的混合担保下担保权实现模式

从比较法来看，混合担保下担保权的实现存在三种模式，依据债权人是否有选择权可以将混合担保下担保权的实现模式分为按法定顺序实现模式和债权人选择实现模式，债权人选择实现模式又可分为绝对自由选择模式和相对自由选择模式。

按法定顺序实现模式是指保证人和物的担保同时担保债权时，债权人必须首先选择行使物上担保权实现债权，保证人只在物的担保不足以清偿债权时才承担保证责任，因此保证人对债权人承担的是补充责任。债权人免除对担保物的责任的，保证人在债权人免除权利的范围内可“抵充”保证责任的承担，而债权人免除保证人的保证责任时，对物上担保人的担保责任承担无任何影响，物上担保人仍应承担约定的担保责任。在追偿权问题上，承担了担保责任的物上担保人仅能对债务人行使追偿权，而保证人承担了担保责任的，既可以向债务人追偿，也可以向其他担保人追偿。我国原《担保法》第28条的规定属于此种模式。

绝对自由选择模式是指债权人在实现债权时有权选择实现担保的顺序，债权人可以选择保证人承担担保责任、担保人承担担保责任或同时选择保证人和担保人承担担保责任。债权人实现债权后，承担了担保责任的担保人可以向其他未承担担保责任的担保人行使追偿权，使其他担保人分担应承担的份额，日本民法采用此种模式。[1]

---

[1] 参见叶金强：《担保法原理》，科学出版社2002年版，第24页。

相对自由选择模式（又叫作“保证人相对优待主义模式”）下，债权人同样有权选择实现担保的顺序，该模式下保证人和物上担保人均享有追偿权。并且，承担了担保责任的担保人享有代位权，可以取得债权人的法律地位，代位行使债权人享有的其他担保权。债权人放弃行使担保权的，保证人或者物上担保人有权在债权人放弃权利的范围内免除担保责任。德国、法国、瑞士等国民法采此种模式。

（二）《民法典》物权编第392条确立的担保权实现规则

《民法典》物权编第392条构建了混合担保下债权人实现担保权的“三步走”规则：优先依当事人约定；未存在约定的，债务人自物担保权优先行使；既不存在约定，也不存在自物担保时，由债权人自主选择行使担保权。此规则不同于比较法下混合担保的担保权实现的单一模式，因此它不是借鉴域外法获得的“舶来品”，而是立足于我国本土的法律实践发展、总结、形成的。以《担保法》第28条、原《担保法司法解释》第38条以及《物权法》第176条“各自为阵、分别表述”的解释已被《民法典》全部吸收。[1] 该规则应当置于法典化的制度理念、逻辑和结构之中来解释。

1. 依约定实现债权

原《担保法》第28条将保证人担保法定化为担保物担保的补充担保，没有照顾到当事人的意思自治，而“依约定实现债权”最大限度地体现了双方当事人的合意，将合同法当中的意思自治原则运用到了物权法当中。债权人与担保人间的意思自治对债权人实现债权具有重要作用，债权人和各个担保人通过约定将债权、担保物和保证相联系，担保人有权将其与债权人之间的约定作为债权人实现债权时享有任意选择权的抗辩事由。

---

[1] 参见邹海林：《我国〈民法典〉上的“混合担保规则”解释论》，载《比较法研究》2020年第4期，第95页。

关于混合担保下的约定，有学者认为，该约定只能是债权人和所有担保人共同做出的约定，而不包括债权人单独与保证人或者物上担保人所做的约定，债权人单独与保证人或物上担保人所做的约定对其他担保人不具有法律约束力。❶ 但是，司法实践中认为，混合担保下的“约定”旨在确定或者限制债权人对担保权实现的选择。❷ 笔者认为，应采纳司法实践的观点，债权人与各担保人均可就担保权的实现方式、实现顺序等问题在每份担保合同中单独作出约定，因为在大多数情况下，各担保人之间并不知道彼此的存在，难以苛求各担保人与债权人共同作出约定。“债权人和各个担保人之间的共同约定”“债权人与各担保人均有意思联络的约定”的情形为连带共同担保，而混合担保下的保证人担保、物的担保大多为不同担保人与债权人之间的独立担保，该独立担保显然不是债权人与各担保人之间的共同约定，而是债权人与各担保人之间的单独约定。

2. 自物担保物权优先实现

混合担保下，债务人自己提供财产担保债权时，如果债权人和担保人没有约定实现债权的顺序或约定不明确，债权人应当先就债务人提供的担保物行使担保物权。在此情形下，债权人的债权实现情况根据债务人提供的担保财产的折现价值判断，债权在担保财产变价范围内消灭——担保财产变价后清偿全部债权的，被担保债权全部消灭；担保财产变价后清偿部分债权的，被担保债权部分消灭。被担保债权通过自物担保权得到全部实现的，债权消灭，由于担保权具有从属性，因此保证与他物担保随债权的消灭而消灭，保证人和其他物上担保人的担保责任也不复存在；被担保债权通过自物担保权得到部分实现的，保证人或其他物上担保人仅对债权未得清偿的部分承担担保责任。在此担保物权的实现规则下，保证人和他物担保人的担保责任虽然降低，但债权人的债权实现却不会遭受妨碍。

---

❶ 参见王利明：《物权法研究》（下卷），中国人民大学出版社2016年版，第1112页。

❷ 参见最高人民法院（2017）最高法民终170号民事判决书。

混合担保下，债务人自己提供财产担保债权时，其他物上担保人和保证人对债权的担保责任为补充责任，该补充责任的份额为自物担保物权不足以清偿被担保债权的余额部分，因此，债权人免除债务人所负担的担保责任的，保证人和其他物上担保人可在债权人“放弃优先受偿权益的范围内免除担保责任”。[1]

3. 债权人决定实现担保物权

当事人对债权人行使担保权的顺序没有约定或约定不明确、债务人自己也没有提供财产担保债权时，债权人对担保权的实现有自主选择权，保证人和物上担保人承担担保责任的机会均等。可能存在的担保权实现情形有：仅有保证人承担保证责任、仅有物上担保人承担担保责任、保证人和物上担保人同时承担担保责任。由此规则也可以看出，混合担保下物上担保人和保证人的地位平等，债权人在行使担保权时没有先后之别。因此，在债务人未提供担保物时，对于债权人放弃物上担保人或保证人提供的担保，其他担保人在被放弃的担保权益范围内是否可以免除担保责任的问题，[2] 应该和《民法典》物权编第 409 条第 2 款、《民法典》物权编第 435 条作同样的解释：其他担保人应在债权人放弃物的担保或保证应当分担的份额范围内免除担保责任。[3]

---

[1] 《民法典》物权编第 409 条第 2 款规定：“债务人以自己的财产设定抵押，抵押权人放弃该抵押权、抵押权顺位或者变更抵押权的，其他担保人在抵押权人丧失优先受偿权益的范围内免除担保责任，但是其他担保人承诺仍然提供担保的除外。”《民法典》物权编第 435 条规定：“质权人可以放弃质权。债务人以自己的财产出质，质权人放弃该质权的，其他担保人在质权人丧失优先受偿权益的范围内免除担保责任，但是其他担保人承诺仍然提供担保的除外。”

[2] 参见程啸：《混合共同担保中担保人的追偿权与代位权——对〈物权法〉第 176 条的理解》，载《政治与法律》2014 年第 6 期，第 87 - 88 页。

[3] 参见孙鹏、王勤劳、范雪飞：《担保物权法原理》，中国人民大学出版社 2009 年版，第 81 页。

（三）混合担保下担保权实现后担保人相互追偿的依据——当事人约定

对于混合担保下当事人“约定”的内容，有学者作以下理解：通常以为，当事人的约定可以是债权人与担保人关于保证或担保物权行使先后顺序的约定，无论债务人本人是否提供担保物，债权人欲行使的但保权顺序均可通过约定法定化，该约定同时也可以是保证或物上担保所担保的具体债权份额或比例的约定。[1] 混合担保下，“约定”首先旨在解决债权人实现担保权的顺序，“没有约定或者约定不明确时，债权人可以选择实现债权”就体现了该规范下的“约定”旨在按当事人的意愿实现担保权。其次，债权人与各个担保人也可以就担保人的追偿问题一并达成协议。《担保制度司法解释》第13条也明确了担保人之间约定相互追偿的，承担了担保责任的担保人有权向其他担保人行使追偿权。笔者认为，混合担保下各担保人间的相互追偿权可以通过当事人之间的约定赋予，而且在无法律明文规定的情况下，应当尊重当事人的意思自治，不应想当然地设置追偿权。当事人没有特别约定时，各担保人之间不存在可以互相追偿的法律关系，此情形下赋予各担保人相互追偿权实质是过度干预担保人间的意思自治，强行在各担保人之间施行“连坐制”。[2] 担保人在向债权人提供担保之前，可能会对债务人履行债务的能力或对该债权上附着的其他担保权进行了解，有学者主张“在担保人设立担保权的那一刻，其作出了理性判断，即债权人通过行使担保权实现债权时，该担保人愿意同其他担保人一起承担担保责任，该理性判断也恰恰反应了其真实意思表示”[3]。但是笔者认为，当事人的意

---

[1] 参见程啸：《担保物权研究》，中国人民大学出版社2017年版，第143页。

[2] 参见刘玖林：《混合共同担保制度之解构与重构》，载《中国不动产法研究》2017年第2辑（总第16卷），第115页。

[3] 温世扬、梅维佳：《混合共同担保之内部追偿权研究》，载《学习与实践》2019年第6期，第60页。

思表示应通过外部行为积极表示出来，一般情况下，混合担保中的各担保人事先并不会进行共同联络，各担保人只是分别与债权人和债务人形成有关担保债权的约定，担保人尽管了解了债务人的清偿能力和债务上存在的担保权状况，只要未通过书面约定或其他外部行为表明其愿意同其他担保人共同承担担保责任的，就不能认定他具有此种意思。换言之，在担保人未明确表示同其他担保人共同承担担保责任保障债权实现时，也可以认定其愿意一人承担债务的清偿。在这种情况下，担保人有机会通过与其他担保人约定降低自己的风险而未主动行使，可以视为其放弃了向其他担保人行使追偿权的机会。在担保物“一物多保”的场合，混合担保下各担保人未约定可以相互追偿时，如果支持承担了担保责任的担保人向其他担保人行使追偿权，可能会不利于被追偿的担保人于其他担保场合中担保权的实现。比如，甲以房屋分别担保乙、丙的债权，并且乙的债权上存在混合担保，如果乙通过其他担保人实现了债权，其他担保人再向甲追偿的话，丙的债权就会缺少甲的担保物担保。

在约定实现债权的情形下，各担保人之间明确了有关担保责任承担的先后顺序，也明确了各担保人是否仅承担补充的担保责任。例如，担保人甲用房屋担保债权人乙的债权，并且与乙约定发生实现担保物权的情形时应先实现担保人丙提供的担保，此时，甲承担的担保责任为补充责任，该补充责任的份额为担保人丙所提供的担保不足以清偿的债权余额。根据《民法典》总则编第 178 条第 2 款和《民法典》合同编第 519 条第 2 款的规定，[1] 只有债务人承担的债务超过了其份额时，才能向其他债务人追偿。担保人保障债权实现

[1] 《民法典》总则编第 178 条第 2 款规定：“连带责任人的责任份额根据各自责任大小确定；难以确定责任大小的，平均承担责任。实际承担责任超过自己责任份额的连带责任人，有权向其他连带责任人追偿。”《民法典》合同编第 519 条第 2 款规定：“实际承担债务超过自己份额的连带债务人，有权就超出部分在其他连带债务人未履行的份额范围内向其追偿，并相应地享有债权人的权利，但是不得损害债权人的利益。其他连带债务人对债权人的抗辩，可以向该债务人主张。”

的份额以其提供的担保物价值为限，当债权人向其行使担保权时，担保人承担的份额已经明确，债权人请求的债权如果超过该份额，担保人可以行使抗辩权，对抗债权人超过其担保份额部分的主张，不会存在追偿的空间。即便担保人不行使此种抗辩，承担了超过担保物价值的份额，也应当认定为其自愿放弃该抗辩权利，而不能将多承担的份额转嫁给其他担保人。从担保人追偿权的角度来看，《民法典》物权编第392条规定的“提供担保的第三人承担担保责任后，有权向债务人追偿”意味着在债权人和各担保人已经事先约定实现债权的场合，承担了担保责任的担保人也不能向承担补充责任的担保人追偿，只能向债务人追偿。但是，在债权人与各个担保人就担保人的追偿问题一并达成协议时，要遵从协议。

（四）混合担保下担保权实现后担保人相互追偿的依据——连带债务

1. 连带债务理论是混合担保下各担保人相互追偿的解释路径

《民法典》合同编第519条第2款规定了连带债务下超额履行了债务的债务人可以对其他连带债务人行使追偿权，承担债务超过自己份额的债务人有权就超出的部分向其他债务人追偿，追偿权是连带债务人超额承担债务后，请求其他债务人分担债务的权利。同时，《民法典》合同编第519条第2款规定的“并相应地享有债权人的权利，但是不得损害债权人的利益”实质上为“债权人的债权全部实现”后债权的法定转移，连带债务人在超份额承担了债务时，会具有债权人的地位。对该规定采字义解释可知，《民法典》合同编第519条用“并”字将追偿权和代位权同时赋予连带债务人，代位权保障追偿权的实现。

对于混合担保下担保人的追偿权问题，有学者主张各担保人对债权人承担连带责任，各担保人之间准用连带债务人内部分担份额的规定，以便实现担保人相互间的求偿。[1] 根据《民法典》合同编第 518 条第 1 款的规定“债务人为二人以上，债权人可以请求部分或者全部债务人履行全部债务的，为连带债务”，在共同保证、共同担保和混合担保场合，承担保证责任和担保责任的债务人均为二人以上，是否符合该规定下的“连带债务”呢？根据《民法典》合同编第 699 条的规定，两个以上保证人没有约定保证份额的，债权人可以请求任何一个保证人在其保证范围内承担保证责任，因此在各个保证人对保证份额没有约定并且保证范围相同时，债权人可以请求任意一个保证人承担责任，似乎符合连带债务理论。债权人可以选择担保人在其担保范围内承担担保责任，从债务人对债权人的外部关系上看，这符合连带债务理论，但是否为《民法典》合同编第 518 条规定的连带债务，还要考察其内部债务人之间的法律关系。从立法体系上来看，《民法典》对于连带债务的情况做了明文规定，例如《民法典》第 67 条、第 75 条、第 307 条。《民法典》合同编第 518 条第 1 款规定的连带债务理论成了肯定混合担保下担保人之间追偿权的解释路径，但是《民法典》合同编第 518 条第 2 款：“连带债权或者连带债务，由法律规定或者当事人约定”却成为了该解释路径的阻碍。

在共同保证或者混合担保场合，债权人有权向任何保证人或担保人主张实现权利虽然符合连带债务，但是并未有“连带债务”的条文表述支持，连带债务的承担必须是法律条文明确规定抑或当事人之间进行约定，在法律并未规定混合担保中各担保人承担的债务属于连带债务的现状下，除当事人另有约定的，不宜认定为混合担

[1] 参见谢鸿飞：《共同担保一般规则的建构及其限度》，载《四川大学学报（哲学社会科学版）》2019 年第 4 期，第 115 页；王泽鉴：《民法概要》，中国政法大学出版社 2003 年版，第 561 页；参见程啸：《混合共同担保中担保人的追偿权与代位权——对〈物权法〉第 176 条的理解》，载《政治与法律》2014 年第 6 期，第 91 - 92 页。

保构成连带债务。[1] 在《民法典》下，不采用连带债务的表述但又赋予债权人选择任一债务人履行债务的情形除了多个担保人担保同一债权，还包括“在有追索权的保理场合，保理人应收账款债权的选择权”；不采用连带责任的表述又赋予债权人选择债务实现的情形有“产品质量责任的承担”。[2] 以上情形不符合《民法典》合同编第518条规定的连带债务和《民法典》总则编第178条规定的连带责任，因为上述情形下承担了债务或责任的主体不能相互追偿，在外部关系上符合连带关系但是在内部关系上没有遵从连带关系，该情形下的连带也叫作“不真正连带”。因此，在多个担保人担保债权的场合，担保人之间追偿权的有无要看各担保人之间是否构成《民法典》中规定的连带责任或者连带债务。换言之，在多个人担保债权的场合，担保人之间追偿权的有无已经变成共同保证、共同担保和混合担保是否构成《民法典》规定的连带责任或者连带债务的问题。[3]

2. 混合担保下担保人构成连带债务的认定

各担保人之间依据约定承担连带债务时，已承担担保责任的担保人有权依据连带债务理论向其他担保人行使追偿权，使其他担保人承担相应的份额。而在担保人没有约定的情况下，如何认定担保人承担的债务是连带债务成为亟须解决的问题。在《担保制度司法解释》制定过程中，有两种意见，一者是遵从《九民纪要》的规定，除非担保人之间另有约定，否则不允许担保人之间相互追偿；一者是适当放宽担保人相互追偿的条件，只要担保人之间存在意思

[1] 参见崔建远：《补论混合共同担保人相互间不享有追偿权》，载《清华法学》2021年第1期，第10页。

[2] 《民法典》第766条规定：“保理人可以向应收账款债权人主张返还保理融资款本息或者回购应收账款债权，也可以向应收账款债务人主张应收账款债权。”《民法典》第1203条规定：“因产品存在缺陷造成他人损害的，被侵权人可以向产品的生产者请求赔偿，也可以向产品的销售者请求赔偿。”

[3] 参见吴光荣：《共同担保人之间的追偿问题——以共同担保的再类型化为中心》，载《法律适用》2021年第3期，第65页。

联络，也应肯定各担保人之间存在追偿权。但是，对于意思联络的定义以及如何认定当事人之间存在意思联络都存在操作上的难题，因此，吴光荣教授提议，将共同担保人没有约定时的相互追偿权限制在数个担保人在同一份合同书上签字、盖章或按指印的情形。如果数个担保人在同一份合同书上签字、盖章或者按指印，应当认定各担保人构成连带债务，各担保人在承担担保责任后，可基于相互之间的连带债务关系向其他担保人进行追偿，最终《担保制度司法解释》第 13 条也采纳了该观点。

混合担保下，各担保人没有约定追偿权时，就没有了适用当事人的意思联络解释各担保人享有追偿权的空间，而是要看各个担保人之间是否构成了连带债务关系，即各个担保人之间是否构成连带担保。笔者认为，在认定各担保人是否构成连带债务时，依据的法理是债务加入。《担保制度司法解释》第 36 条第 2 款规定："第三人向债权人提供的承诺文件，具有加入债务或者与债务人共同承担债务等意思表示的，人民法院应当认定为民法典第 552 条规定的债务加入"。此条为债务加入的推定规则。在司法实践中，法院认定的债务加入是指第三人与债权人、债务人达成三方协议或第三人与债权人达成双方协议或第三人向债权人单方承诺由第三人履行债务人的债务，但同时不免除债务人履行义务的债务承担方式。[1] 债务加入的判断要把握以下三方面：（1）原债务有效存在且具有可转移性；（2）第三人有明确的债务加入的意思表示或者通过第三人的行为可推断出其有债务加入的意思表示；（3）该意思表示应当是第三人向债权人作出的承诺。因此，多个担保人在同一份"承诺文件"上作为共同担保人签字、盖章或者按指印的，也应是行为人有加入到担保债务的意思表示，各个担保人之间形成连带债务关系。在多个担保人债务加入的场合，担保人与债务人之间是不真正连带债务关系，而各个担保人之间由于数个担保人先后在担保合同上签字、盖章或

---

[1] 参见江苏省南京市中级人民法院（2016）苏 01 民终 7843 号民事判决书。

者按指印的，表明数个担保人加入到担保债务关系当中，各担保人之间的法律关系为真正连带债务关系。[1]

混合担保下，多个担保人之间可以相互追偿的情形除担保人之间明确有约定外，还应包括各担保人承担连带债务。连带债务在各担保人明确约定时不言自明，而各担保人未明确约定承担连带债务的，判断各担保人是否承担连带债务应当基于债务加入理论，而表明各担保人先后加入到同一债权担保中的外在形式为《担保制度司法解释》第13条第2款规定的“各担保人在同一份合同书上签字、盖章或者按指印”。

四、结论

对于混合担保下各担保人之间的追偿问题，《担保制度司法解释》第13条给了明确的答案，如果各个担保人彼此之间有分担损失的意思，并且在承担了担保责任后受该意思的约束，就必须明确予以表示——与其他担保人约定相互追偿；如果各担保人之间承担的是连带债务（担保），承担了担保责任的担保人也有权向其他未承担担保责任的担保人行使追偿权。连带债务（担保）的成立表现在两个方面：担保人约定相互之间构成连带共同担保；数个担保人在同一份合同书上签字、盖章或者按指印。需要注意的是，该条规定中的“共同担保”包括混合担保、共同保证和共同担保情形，因此，共同保证和共同担保场合下各担保人之间的追偿问题同样适用于混合担保的情形。

[1] 参见吴光荣：《共同担保人之间的追偿问题——以共同担保的再类型化为中心》，载《法律适用》2021年第3期，第67－68页。

The Right of Contribution among Providers of Security under Mixed Guarantees

—from the Perspective of Article 13 of the Interpretation of Guarantee System of Civil Code

Zhang Jinlei　Dong Zerui

Abstract: Whether the guarantors enjoy the right of contribution under the mixed guarantees has always been controversial in the era of Property Law, and then two viewpoints of "support theory" and "negation theory" have gradually formed in academia. Art. 392 of the property right series of the Civil Code continues the provisions of the original Property Law. Therefore, it is still unclear whether the right of contribution among the guarantors under the mixed guarantees exists or not. It is worth noting that Art. 13 of the Interpretation of Guarantee System of Civil Code defines the situation of the right of contribution among the guarantors under the mixed guarantees: the guarantors have agreement about contribution and each guarantor shall undertake joint guarantee, which essentially establishes the rule that "under the mixed guarantees, if there is no special agreement, the guarantors shall have no right of contribution to each other". Therefore, when solving such problems, we should get rid of the theoretical misunderstanding of the right of contribution among the guarantors under the mixed guarantees, and adhere to the "negation of the internal right of contribution of the mixed guarantees in addition to the agreed contribution and joint guarantee".

Key words: mixed guarantees, the right of contribution, the Interpretation of Guarantee System of Civil Code, joint debt

司法解释扩张“假冒注册商标罪”的正当性思考

魏晓东*

内容摘要：2020年，最高人民检察院、最高人民法院出台的关于知识产权犯罪的司法解释扩张了“假冒注册商标罪”的适用范围，存在背离商标显著性本质、背离商标权利益本质的问题。该司法解释所增设的“相同商标”入罪认定标准，不符合刑法的解释逻辑，也不符合是否构成商标“混淆”的判断标准。司法解释所增设的入罪标准模糊化、主观化，违反了“罪刑法定”原则；将原民事侵权救济纳入刑事领域，破坏了基本的法治分工秩序。假冒注册商标侵权的责任应按照民事责任的属性，由相关的司法解释另做安排。

关键词：假冒注册商标罪　相同商标　近似商标　混淆

《中华人民共和国刑法》（以下简称《刑法》）第213条规定了假冒注册商标罪，即未经注册商标所有人许可，在同一种商品上使

* 魏晓东，辽宁大学法学院讲师，研究方向：知识产权法学。

用与其注册商标相同的商标，情节严重的，处三年以下有期徒刑或者拘役，并处或者单处罚金；情节特别严重的，处三年以上七年以下有期徒刑，并处罚金。2020年9月12日，最高人民法院与最高人民检察院联合颁布了《最高人民法院、最高人民检察院关于办理侵犯知识产权刑事案件具体应用法律若干问题的解释（三）》（法释〔2020〕10号，本文简称《司法解释（三）》），进一步将刑法第213条所规定的“与其注册商标相同的商标”细化为六种情形。[1] 本文认为，《司法解释（三）》扩张了“假冒商标罪”的适用范围，不能实现保护商标权的核心功能和制度目的，不符合司法解释的正当性要求。

一、扩张“假冒注册商标罪”适用范围的前提值得商榷

（一）《司法解释（三）》所列情形属于私法上商标侵权责任的构成要件

我国《刑法》规定的侵犯商标权罪共有三个罪名，分别是“假冒注册商标罪”“销售假冒注册商标的商品罪”“非法制造、销售非法制造的注册商标标识罪”。其中，“假冒注册商标罪”仅从商标标识使用的违法性角度考察犯罪行为，是以商标标识的使用外观作为犯罪构成的客观要件。而民法上的商标侵权行为是指“未经许可，使用他人商标或与他人近似的商标，并且有可能造成消费者在商品

---

[1] 《司法解释（三）》第1条规定：具有下列情形之一的，可以认定为刑法第二百一十三条规定的“与其注册商标相同的商标”：（一）改变注册商标的字体、字母大小写或者文字横竖排列，与注册商标之间基本无差别的；（二）改变注册商标的文字、字母、数字等之间的间距，与注册商标之间基本无差别的；（三）改变注册商标颜色，不影响体现注册商标显著特征的；（四）在注册商标上仅增加商品通用名称、型号等缺乏显著特征要素，不影响体现注册商标显著特征的；（五）与立体注册商标的三维标志及平面要素基本无差别的；（六）其他与注册商标基本无差别、足以对公众产生误导的商标。

或服务上混淆”，[1] 也即民法对于所有侵犯商标权行为的判断，均需要首先考察商标标识外观。因此，虽然民法上的侵犯商标权责任事实构成与刑法上的犯罪事实构成存在重叠，但只有侵权行为情节严重到构成犯罪的才发生刑事责任，刑事责任与民事责任存在不同的责任层次，而非完全竞合，并且即使在责任竞合的情况下，也需要明确各自的责任边界，唯此才能准确适用竞合规则。

而就“假冒注册商标罪”与侵犯商标权民事责任之间的边界，是由刑事责任与民事责任各自的制度功能决定的。

第一，刑法的功能在于对犯罪行为的惩罚与预防，民事侵权责任的功能则在于损害填补与侵权预防。因此，刑法的功能决定了刑法规范必须清晰、明确，因为只有公众清楚法律的事实描述，方能使刑法发挥事前预防的功能。也正基于此，刑法的主观归责要件必须要考虑到不同个体间的现实差异，将所有人都能认识到或推定认识到的标准作为归责标准。具体到商标，即“相同”可以成为主观标准，而“相似”却不能。同时，主观标准不能带有修饰性描述，例如“基本无差别”。与之相对，相较刑法更注重风险分散与损失完全填补的民事侵权责任的归责要件则应遵循客观标准。作为推定性标准，其无须要求全体一致，而只要以结果作为评价依据。体现在商标层面，则表现在对于“相似”和“混淆”的认定上，可以采取“高度盖然性”的推定标准，仅需满足多数人认可即可，而不必考虑所谓的最低标准。综上，让我们把目光转向《司法解释（三）》第1条规定，可以发现，在认定“侵犯注册商标罪”的认定标准中竟然出现了“足以对公众产生误导”这一以盖然性为特征的客观推定标准。不得不说，这完全是混淆了刑事责任与民事侵权责任的归责标准，据此扩张“相同”商标的判断有待进一步商榷。

第二，刑事责任保护的是公共利益和公共秩序，民事侵权责任保护的是民事主体私人利益。因此，从结果上看，侵犯商标权刑事

---

[1] 王迁：《知识产权法教程》（第六版），中国人民大学出版社2019年版，第341页。

责任的损害结果是破坏了市场交易秩序，而民事侵权责任的损害后果是造成商标权人市场交易利益的损害。然而，“与注册商标基本无差别，足以对公众产生误导的商标”并不意味着破坏了公共秩序。对于破坏公共秩序的认定，刑法往往是从主观意图和客观行为两方面加以认定，即在主观层面，行为人应有恶意破坏竞争秩序或交易秩序的意图，而在客观行为上，应对除被侵权商标关系外的其他不特定竞争者和消费者的利益造成不利影响，并产生破坏市场公共秩序的结果。而就“与注册商标基本无差别，足以对公众产生误导”而言，作为仅仅对一种市场竞争行为结果的阐述与评价，其并不意味着该行为必然会对其他非特定商标竞争者和消费者产生不利影响。因此，仅凭扩大“相同”商标的判断标准不足以证明构成犯罪事实要件理由的正当性。

第三，《司法解释（三）》所列的“相同商标”情形，是在采取《最高人民法院关于审理商标民事纠纷案件适用法律若干问题的解释》确定“相同”商标判断方法的基础上得出的。《司法解释（三）》在判断“相同”商标时，同样坚持了隔离比对、显著性审查原则。但由于民事侵权责任上的“相同”与“假冒注册商标罪”的“相同”间存在的天然差异，决定了二者不能适用同样的判断方法。具体来看，二者的差异主要体现在：首先，构成民事侵权责任所考察的是否“相同”是事实要件的判断，而构成刑事责任所考察的“相同”则是主观要件的判断；其次，民事侵权责任中，判断商标“相同”的主体是法官，而刑事责任中的比对主体则是行为人自身。因此，《司法解释（三）》之规定实则是让行为人承担了专家刑事责任而非一般主体的刑事责任。

（二）以“不影响显著特征”为入罪标准，不符合商标认定的基本要求

商标认定要素中的“显著性”并不等同于商标标识具有“显著特征”。显著性是指商标符号本身与所标识的商品和服务之间的联

系，联系越弱，显著性越强，反之，显著性越弱。所以商标显著性的法律判断标准是由强到弱的一段范围。另外，不具有显著性的标识按照我国《商标法》规定也存在被注册商标的可能。但总的来说，无论商标有无显著性，无论商标是否因之而注册，其都有可能存在“显著特征”。因为，“显著性”是用来识别商标所标志的商品同其他商品来源区别的，而“显著特征”是用来识别标志之间的区别的。“显著特征”只有在判断商标“近似”与否的情形下才有意义，强显著性商标即使在“显著特征”不完全相同情形下，仍构成近似，弱显著性商标即使“显著特征”相似，未必构成近似。“显著性”并不是完全由商标符号本身决定的，商标经营者的生产经营也会对显著性产生影响。弱显著性商标可能因权利人的经营令显著性加强（所谓具有第二义），强显著性商标也可能因在市场出名而形成通用名称导致丧失显著性。《司法解释（三）》仅凭“不影响显著特征”作为“相同商标”认定标准，会导致不公正的后果，可能把本应属于“近似商标”看作“相同商标”，把“相同商标”看作“近似商标”，还可能在认定构成“相同商标”进而符合“假冒商标罪”后，该商标因丧失显著性被认定无效或者为通用名称，而不构成犯罪。

（三）忽略“商标使用”情节违背商标权取得的本质

商标的本质决定了其取得的基本方式应当是通过使用取得或先占取得。法律选择注册取得仅仅是为了解决先占取得所具有的信息不对称的弊端。然而凡事有利有弊，注册取得虽带来了一定便利，但却导致了商标储存行为。“商标储存导致进入消费市场的成本高昂。那些储存起来的商标仍然只能归于储存人，因为禁止商标与其标示的商品相分离情况下单独出售。即使允许出售，成本也很高。”❶ 所以在对待商标权主张上，一般应采用混合制，即在商标侵

---

❶ ［美］理查德·波斯纳：《法律的经济分析》，蒋兆康译，法律出版社2012年版，第62页。

权中，被诉侵权人可以主张“三年不使用”抗辩。但是在“假冒注册商标罪”的情节认定上，未见司法解释有此规定，在司法实务中，其往往更关注数额和数量，而从未有对商标本身价值的考量。对于仅注册未使用商标和经过使用获得商誉的商标是不能相提并论的，“一刀切”的做法会导致不公平的结果。

二、《司法解释（三）》扩大“假冒注册商标罪”适用范围的逻辑正当性值得商榷

（一）“对公众产生误导”是民法上的利益衡量而不是刑法上的犯罪事实判断

首先，作为商标保护核心理论“混淆论”的体现，以“对公众产生误导”为标准，其目的是保护消费者的利益，它是一种解决市场主体利益冲突的私法规则，而非利益判断或者权利推定规则。因而，有人就认为“法律之所以保护商标，并非为了激励更多商标的设计和产出。商标保护最为基本的正当性理由是便于消费者识别来源，商标法的基本目标并不在于激励创新，而在于促进竞争，同时便利消费者在竞争性产品之间进行识别和选择”[1]。而“假冒注册商标罪”所保护的对象则是具有公共利益的市场经济秩序，而不是公民的财产或人身利益，因此刑法保护的利益是确定的，不存在且不应当存在解决利益冲突的问题。其次，作为“混淆论”利益权衡结果的“对公众产生误导”之标准，其考量的要素均为商标符号之外的内容，从商标本身往往难以得出结论，是故，仅能作为判断“近似商标”而非“相同商标”的标准。总而言之，《司法解释（三）》采取了“对公众产生误导”的判断标准，实则是混淆了民法上的利

[1] 吕炳斌：《商标财产化的负面效应及其化解》，载《法学评论》2020 年第 3 期，第 55 页。

益衡量和刑法上的犯罪事实判断。

（二）将“近似商标”纳入“相同商标”，背离商标权保护体系的基本逻辑

《司法解释（三）》所扩张的“相同商标”六种情形，都以“基本无差别”“不影响体现显著特征”为入罪的构成要件。相应地，对商标的判断也就分成“生理上”的认识和“心理上”的认识，而只要达到“心理上”认识的“相同”即构成犯罪，这完全背离了商标保护“混淆论”的基本逻辑。“混淆”是结果，商标“相同”是原因，“混淆”是针对消费者对商标关联商品的来源的误认，不是对“商标”相同与否的“误认”。所以，消费者在对“商标”生理识别后产生的“心理”认识，是对商品来源的认识，而不是对“商标”本身的认识。“相同商标”与“近似商标”都因产生了“混淆”后果，才能被认定为侵权，只不过“相同”可以直接推定产生“混淆”，不需要再证明“混淆”后果。“近似商标”则要通过证明、分析、论证这种“心理认识”过程来证明有“混淆”后果。所以仅将“相同商标”而非“近似”商标作为入罪标准是由刑法的特征所决定的，因为“近似商标”的认识具有不确定性。《司法解释（三）》将导致“混淆”的“近似商标”纳入“相同商标”，可能产生《商标法》有关“近似商标”的条款丧失规范目的的后果。

（三）将“假冒商标罪”做扩张解释，违背法律解释的逻辑次序

对法律条文进行扩张解释应有其前提。只有在法律条文的文义范围与法律条文的立法本意相比，其文义范围显得过窄，导致原本应当适用该条文的案件被排除在适用范围的情况下，才应当适用法律的扩张性解释。任何扩张性解释都必须在法律条文的“文义射程”

之内，不能超过最大的文义范围。[1] 依商标原理和商标权保护法律体系的基本逻辑，“相同商标”与“近似商标”有本质区别，而又按照《刑法》在“破坏市场经济秩序”一章建立“假冒商标罪”的法秩序逻辑，该条所保护的不是私权人的财产利益，而是市场秩序的公共利益，因此立法不能将“高度近似”包含在“相同”文义范围之内。此外，在罪与非罪的问题上，任何刑法规则都会确立明确界限，都不会以一个模糊的标准来判断某一行为是否入罪，更不会建立这样的入罪标准：一个行为人实施时自己无从得知是否犯罪，只有在事后经裁判机关论证才能确定是否犯罪。

三、《司法解释（三）》扩大“假冒注册商标罪”适用范围的刑法原则正当性值得商榷

（一）“基本无差别”的标准模糊，不符合“罪刑法定”原则

“罪刑法定”原则的经典表述是“法无明文规定不为罪”。“罪刑法定”原则的核心要素即为“法”和“定”。其中，“法”仅指刑法，从这个角度，在法律适用的解释规则上，刑事不同于民事，且司法解释本身不是法，而是法律适用的操作规则。因此，受《立法法》的约束，司法解释不能僭越立法权。而就“法定”内涵则是指“明确性原则”，即刑法的条文字义能够清楚地为社会公众所理解，其内涵意义相对于社会公众是明确的。就假冒注册商标罪而言，一般公众都不会对“相同商标”和“相同商品”产生曲解和歧义。但是“基本无差别”对于社会公众来讲，即构成了一个不明确的概念，“基本无差别”意味着并不是完全无差别，而是“无差别”占多数比例，而究竟多少比例构成“基本”则没有固定标准，这就意味着

[1] 梁慧星：《裁判的方法》，法律出版社2003年版，第104－108页。

该司法解释已实质将刑法中已经明确的标准模糊化。

（二）“其他导致公众误导的”是“口袋罪”条款，架空了“罪刑法定”原则

应该承认，我国《刑法》中仍然存在“口袋罪”条款，这也是我国刑法体系长期存在的现象。作为“政策依赖症”和“结果无价值理论”的产物，“口袋罪”实则体现了立法上的秩序中心主义和司法上的权威中心主义。[1]“作为本质上为类推适用的‘口袋罪’，其因违背‘罪刑法定’原则，应当通过改善立法逐步予以消除，而这也是司法解释所应当承担的一项职能，即通过将法条解释结果确定化，从而避免法官对法条的曲解。但《司法解释（三）》不但没有消除“口袋罪”，反而增设了“口袋罪”，完全背离司法解释便于法律适用的基本功能。《刑法》“假冒注册商标罪”的条文是清晰且明确的，《司法解释（三）》对该条款并无解释的必要。

（三）入罪标准主观化，使“罪行法定”变成“罪行推定”

司法解释所扩大的“假冒注册商标罪”入罪情形，都以主观评价标准为构成要件。无论是“不影响显著特征”还是“基本无差别”都依赖于商标符号之外的主观评价要素。尤其是“兜底”条款中的“其他基本无差别足以对公众引起误导的”的标准，更属于具有强烈主观性的标准，这些都会给法官留下过大的自由裁量空间。此外，由于“公众”标准的不确定，在面对“基本无差别”的商标时，不同类型的消费者（包括但不限于理性与非理性消费者、熟悉与初次接触某一商品的消费者、商标偏好和价格偏好的消费者），产生“误认”的条件、是否发生“误认”的结果均有可能不同。是

---

[1] 孙万怀：《以危险方法危害公共安全罪何以成为口袋罪》，载《现代法学》2010年第5期，第80页。

故，如果法官没有充分证明和论证，仅完全依靠法官个人的主观认识进行裁量，那么该行为无异于背弃了法官的基本裁判规则。标准的主观化，使得罪与非罪的界限完全掌握在法官的主观意识中，而无法让公众明确认识。作为通过强化司法权威来规避“罪刑法定”原则，这并不符合现代国家的法治要求。

四、《司法解释（三)》对民法适用效果正当性的僭越

（一）以刑事制裁取代民事侵权责任并不意味着知识产权保护的加强

加强知识产权保护，不意味着要以刑事制裁取代民事侵权责任。如果把商标权保护的所有规范作为一个制度体系，制裁只是实现整个制度体系目标的手段，是为制度的实效性服务的，“一个法律制度之实效的首要保障是它能为社会所接受，而强制性制裁只能作为次要和辅助性的保障。一个合理的令人满意的法律制度之所以会得到社会大多数成员遵守，乃是因为它服务于他们的利益、为他们所尊重。如果人们不得不依赖强力实施制裁的手段，只能表明该法律制度的机能失效而不是对其有效性和实效的肯定”❶。

商标权保护制度是市场法律制度体系的组成部分，商标权法律关系反映的是市场竞争关系。现代市场已经成为一个十分复杂的网络系统，保护手段的实施除要考虑制度的价值体系和法的整体秩序外，还要考虑制度设置的成本收益。实现对商标权的保护不应仅靠刑法威慑与惩戒，还要依靠民事侵权责任制度的规制。商标权法益的本质属于私益，只有侵犯该利益严重到破坏市场秩序时，才考虑适用刑法干预。而由于刑法的高强度、高成本、高阻断性，罪与非

---

❶［美］E. 博登海默：《法理学——法律哲学与法律方法》，邓正来译，中国政法大学出版社 2017 年版，第 365－367 页。

罪的界限必须十分明晰，否则，市场主体将无所适从、动则得咎，不仅无法达到保护市场秩序的目的，反而会适得其反。总的来说，刑事手段介入到侵权救济的民事领域，确实会显著增强对民事侵权的威慑力，但商标权人的利益未必会得到最终实现。因为刑法不以损害填补为目的，同时，刑法手段将消耗大量的社会成本，并最终使某一商标被过度保护而形成商标垄断。

（二）《司法解释（三）》扩大的入罪范围挤占了私法调整商标权关系的空间

《司法解释（三）》所扩张适用的“假冒注册商标罪”，侵占了原来属于侵犯商标权的侵权责任救济范围，突破了刑法的定位。从最高院与最高检颁布的《司法解释（三）》的条文语义来看，该解释是将刑法第213条所保护的市场秩序利益转变为商标财产权利益，这正是目前我国商标权财产权绝对化的结果。作为绝对权的认识论和“加强知识产权保护”的政策论相结合的产物，尽管其强调加强商标权的保护有其一定的合理性，但一味过度地强化反而会牺牲现有的正常市场竞争秩序。[1] 基于此，《司法解释（三）》的这种强化保护应当在法治框架下进行，如果将刑法所保护的公共利益扩张到公民财产利益，那么该利益应当体现为公民在宪法上的基本权利。刑法对基本权利不受侵害提供的保护，是法治分工中基本权利的主观防御性价值保护，被称为法律保护的垂直效力。对基本权利的客观规范价值保护是通过民法规范来实现的。公民基本权利都是通过民法来界定概念、确立对第三人效力的，民法的保护效力被称为水平效力。[2] 民法在实现基本权利价值的同时也确立了基本权利范围。“混淆”就是对商标权范围设立的边界，是对商标权财产绝对化扩张

---

[1] 吕炳斌：《商标财产化的负面效应及其化解》，载《法学评论》2020年第3期，第55页。

[2] 王泽鉴：《侵权行为》，北京大学出版社2016年版，第33页。

的限制。而刑法不具备民法这一功能，如果将本属于民法水平效力范畴的领域纳入刑法范畴，等于将刑法确立为市场竞争规则，这破坏了市场竞争秩序，也打破了宪法的法秩序平衡。

（三）司法解释所预期的刑事威慑同民法的惩罚性赔偿功能相冲突

《民法典》第1185条规定，"故意侵害他人知识产权，情节严重的，被侵权人有权请求相应的惩罚性赔偿"。《商标法》第63条亦确立了惩罚性赔偿的范围。《刑法》则以第213条的"假冒注册商标罪"设置了自由刑和罚金刑。因此，行为人若触犯"假冒注册商标罪"，既会被苛以自由刑和罚金刑，又会被要求承担民事惩罚性赔偿责任。这种刑、民并罚的双重责任，并不会因惩罚范围的扩大化而导致保护效果增强，相反这是一种低效率的保护。正如有法经济学观点认为："在侵权救济具有足够威慑力的情况下，没有必要求助于即使在处以罚金的情况下仍比民事惩罚性赔偿更费成本的刑事处罚。即使在适当程度上实施侵权救济并不涉及偿付能力问题，但犯罪行为无法防止，刑事处罚同样也无法取得社会收益。"[1] 一方面，虽然刑事侦查手段比民事侵权调查更有效，但相应支出却增加了司法成本。刑事侦查替代所有民事侵权调查并非明智之举。另一方面，《司法解释（三）》在扩大双重处罚范围的同时，并未给予市场一个清晰明确的界限，其后果必将是导致市场主体行为的不可预测和无所适从，进而降低市场交易效率。

五、结论

《司法解释（三）》的颁布实际上是对宪法中部门法分工角色的

---

[1] ［美］理查德·波斯纳：《法律的经济分析》，蒋兆康译，法律出版社2012年版，第311－312页。

僭越。《司法解释（三）》的内容放在民法体系中是完全没有问题的，其完全可以作为故意侵犯商标权、情节严重的判断标准，进而为惩罚性赔偿的适用提供充分的论证空间。然而《司法解释（三）》却被我国立法者强行性地安排进刑法体系内，有意地忽略了该司法解释的存在同刑法逻辑格格不入、同刑法功能不相匹配、同刑法目标大相径庭的问题，造成了我国刑法制度体系的内部冲突。因此，建议将《司法解释（三）》第一条之规定整体搬移到关于商标侵权的民事审判司法解释中，从总体上实现保护商标权法秩序的稳定有序。

Thought on the Justification of Expansion of "Crime of Counterfeiting Trademark" in Judicial Interpretation

Wei Xiaodong

Abstract: Judicial Interpretation expands the scope of application of the crime of counterfeiting trademark, but it may not achieve the goal of strengthening protection. The practice has the problem of deviating from the nature of trademark prominence and the nature of trademark right interests. Adding the criminalization standard of "same trademark" by judicial interpretation does not accord with the logic of the interpretation in the application of the criminal law and the logic of the judgement of "confusion" in infringing trademark rights. The fuzziness and subjectivity of the criminalization standard of "same trademark" added by judicial interpretation violates the principle of "legal punishment for crime". Bringing tort relief into criminal domain destroys the basic order of division of labor by law. It is suggested that the article be transferred to the civil judicial interpretation of trademark infringement.

Key words: the crime of counterfeiting trademark, the same trademark, the similar trademark, confusion, the public mistake

【比较法视野】

数字时代刑事侦查中的隐私权保护*

——以美国卡朋特案为中心的研究

颜　飞** 　刘文琦***

内容摘要：《美国联邦宪法》第四修正案隐私权保护框架一直以来被视为规范政府获取信息行为、保护公民私生活免受不合理侵犯的圭臬。但在以数字科技为代表的新兴技术深度嵌入刑事侦查时，以秘密性为内核的隐私权面对大规模信息收集、挖掘和分析则会陷入危险状态。2018 年卡朋特案是美国数字时代最重要的隐私权案件之一，其集中体现了传统隐私权保护模式在解决新兴技术带来的问题时面临的挑战，并通过提出多因素测试，分析论证手机位置信息的隐私性质，延续了隐私权在数字时代的生命。然而，卡朋特案有限的裁判范围使得隐私权保护在后卡朋特案时代遭遇了更艰难的困

---

* 本文是 2021 年重庆市研究生科研创新项目"个人信息保护视域下调取电子数据的程序规制"（项目编号：CYS21173）和西南政法大学法学院科研创新项目"科技定位侦查中的个人信息权保护问题研究"（项目编号：FXY2021159）的阶段成果。

** 颜飞，西南政法大学副教授，硕士生导师，研究方向：刑事诉讼法学。

*** 刘文琦，西南政法大学诉讼法学硕士研究生，研究方向：刑事诉讼法学。

境。梳理卡朋特案中隐私权保护面临的挑战、调适与不足，有益于我国关注侦查程序中隐私权保护的具体需求，坚持以隐私权为切入点，规范数字时代下愈加扩张的刑事侦查权力，并构建起侦查程序中收集使用个人信息的规范制度。

关键词： 第四修正案　隐私权　卡朋特案　手机定位信息调取

一、问题的提出

为保证执法活动不受外界的干预和影响，以打击犯罪为目的收集使用公民个人信息的侦查行为历来是法律规制的例外。[1] 但是伴随着高科技的发展，通信监听、科技定位、电子监视等措施在刑事侦查中的广泛运用对公民隐私权利带来巨大的威胁。因此，为阻止警方监控的过度渗入，确保私人生活不受专断权力的干预，美国联邦最高法院在卡兹案中正式将第四修正案的保护重心从财产权转移到隐私权，[2] 并通过一系列判例逐渐确立起以“隐私的合理期待”标准为原则，以秘密性隐私权为内核，以公共暴露理论、第三人理论为例外的隐私权保护框架。[3] 在数十年的隐私权保障实践中，第四修正案隐私权保护模式在规范政府收集公民隐私性信息、阻止公权力对私人生活的过度渗入方面发挥了重要作用。

然而，伴随着以海量公共数据聚集和数据挖掘、分析为特征的数字时代的到来，特别是在大数据技术深度嵌入刑事侦查后，传统隐私权保护模式在解决新兴技术产生的问题时暴露出问题与不足。一方面，遵循公共暴露理论和第三人理论，公共数据属于个人向公

---

[1] 参见周汉华：《中华人民共和国个人信息保护法（专家建议稿）及立法研究报告》，法律出版社2006年版，第57页。

[2] Katz v. United States, 389 U. S. 347 (1967).

[3] Daniel T. Pesciotta, “I'm Not Dead Yet: Katz, Jones, and the Fourth Amendment in the 21st Century”, 63 Case Western Reserve Law Review (2012), pp. 200 - 209.

众公开或向第三方披露的信息，不具有隐私性；另一方面，对公共数据的大规模收集与智能化研判却可以揭示完整的“人格剖面图”，重建私人生活的隐秘图景。因此，以秘密性为内核的隐私权理论在面对大规模信息收集、挖掘和分析技术时会陷入难以平衡隐私利益与执行利益的两难境地。传统理论与新兴技术的撕裂也引发司法实践的困惑，如公共道路上车辆的行踪轨迹是否因适用公共暴露理论而被排除隐私权；[1] IP 地址信息是否因由互联网公司存储而适用第三人理论被排除隐私权。[2] 直到 2018 年卡朋特案，美国联邦最高法院才真正正视了数字时代传统隐私权理论的适用问题，并明确提出调适方案，为数字时代隐私权保护注入了新的生命力。

从 2011 年被捕到 2018 年终局裁判生效，卡朋特案历经三级法院审理，最终以联邦最高法院作出 5∶4 的裁判宣告结束。总体上，卡朋特案的裁判对传统隐私权保护框架予以反思，通过引入多因素测试排除了传统隐私权理论的适用，为数字时代的隐私权保护延续生机。[3] 但是卡朋特案有限的裁判范围和过于谨慎的态度并未为隐私权保护框架面临的挑战画上句号，反而使其陷入更加艰难的境地。[4] 因此，本文以卡朋特案为中心，系统梳理美国隐私权保护模式在新兴技术下面临的挑战与相应的调适，进而深入分析后卡朋特案时代隐私权保护模式面临的重重困境，以期对规范我国数字时代下愈加膨胀的刑事侦查权力有所裨益。

---

[1] Commonwealth v. Connolly, 913 N. E. 2d 356 (Mass. 2009).

[2] United States v. Tolbert, 326 F. Supp. 3d 1211 (2018).

[3] Paul Ohm, “The Many Revolutions of Carpenter”, 32 Harvard Journal of Law & Technology (2019), pp. 357 – 358.

[4] 如卡朋特案没有根本否定第三人理论的适用，将引发更多诉讼，See Harvey Gee, Almost Gone: “The Vanishing Fourth Amendment's Allowance of Stingray Surveillance in a Post – Carpenter Age”, 28 Southern California Review of Law and Social Justice (2019), pp. 409 – 442。

二、卡朋特案的焦点：调取手机位置信息是否侵犯隐私权

2011年，警察逮捕了四名涉嫌抢劫 Radio Shack 和 T－Mobile 商店的犯罪嫌疑人，在侦查犯罪的过程中，一位嫌疑人供出抢劫团伙主谋卡朋特及其电话号码。基于这一信息，公诉机关依据《存储通讯法案》向法院申请获得了两份调查令，要求 MetroPCS 和 Sprint 公司分别提供卡朋特过去四个月内抢劫系列案发生时拨打手机和接收电话时的定位信息。根据第一份调查令，执法机关从 MetroPCS 公司获得了卡朋特127天的手机位置信息；根据第二份调查令，执法机关从 Sprint 公司获得了卡朋特7天的手机位置信息，共获得12898个地点的定位信息。对于此，卡朋特辩称根据第四修正案，执法机关调取手机位置信息的行为侵犯其隐私权，必须要基于相当理由取得搜查令后才能进行；而政府方认为根据第三人理论，由运营商存储、控制的手机位置信息不具有隐私性，只需要申请法院调查令。[1]

由上可知，卡朋特案的争议焦点在于以下两个方面：传统隐私权理论是否适用于手机位置信息、警方调取手机位置信息的行为是否构成搜查。这集中体现了传统隐私权保护模式在数字时代的失灵与不足，是隐私权保护框架在数字时代受到冲击与挑战的缩影。

（一）手机位置信息的汇集量对公私界限划分提出挑战

以秘密性为内核的传统隐私权理论认为隐私体现了个人对私人生活的自主决定，被视为公开价值的对立面，一旦进入公共空间信息则无隐私可言。[2] 公共领域与私人领域的二元划分构成传统隐私权的理论基础，在公开/私人划分标准下，个人自愿披露给第三人或向

---

[1] Carpenter v. United States, 138 S. Ct. 2218 (2018).

[2] Patricia Sanchez Abril, "Recasting Privacy Torts in a Spaceless World", 21 Harvard Journal of Law & Technology (2007), pp. 1－6.

公众揭示的信息，都属于公共领域的信息，不具有隐私性。诺茨案与卡罗案清晰地阐释了公开/私人二元划分对隐私权保护的重要意义。在诺茨案中，联邦最高法院认为执法机关在化学品容器内安装的无线信号发射器收集的被告车辆在公共道路上的位置信息是个人自愿对外公开的信息，不享有隐私权；[1] 在卡罗案中，联邦最高法院则裁定当被监控的财产转移进入公民的住宅后，执法机关利用无线信号发射器收集位置信息的行为会侵犯公民的隐私权。[2]

在公开/私人划分标准下，属于公共领域由运营商收集存储的手机位置信息理应不具有隐私性。但是在数字时代，数字技术使信息实现由量变到质变的转化，"透过数据收集累积的规模性判断所干预的个人隐私权不可同日而语"，[3] 在分析比对下长达 127 天的手机位置信息足以提供个人全面且完整的位置记录，不仅能揭露特定的行程活动，更能提供窥探个人私生活的窗口。游弋于公开信息与隐私信息之间的手机位置信息若简单套用公开/私人二元划分标准会造成隐私权保护的落空，违反第四修正案的意旨。申言之，生成于公共领域却能揭露无限隐私的手机位置信息正对公私界限二元划分的做法提出挑战，在数字时代，如何重新平衡隐私利益与执法利益已经成为隐私权保护面临的难题之一。事实上，"公开/私人"标准从创生伊始就遭受诸方攻讦，以全有或全无为标准的隐私保护逻辑饱受诟病。随着数字技术的深入发展，"公开/私人"标准渐行式微，如琼斯案就突破了公开场所无隐私的理论藩篱，裁判指出公共道路上的行车轨迹可以揭示家庭、政治、宗教等隐私信息。[4]

---

[1] United States v. Knotts, 460 U. S. 281 (1983).

[2] United States v. Karo, 468 U. S. 715 (1984).

[3] David A. Harris, "Riley v. California and the Beginning of the End for the Third-Party Search Doctrine", 18 University of Pennsylvania Journal of Constitutional Law (2016), pp. 895-922.

[4] United States v. Jones, 132 S. Ct. 955 (2012) (Sotomayor, J., concurring).

（二）手机位置信息的形成方式为第三人理论适用带来冲击

第三人理论认为，个人对自愿披露给第三方的信息不享有隐私权，[1] 信息一旦被揭示给第三方，无论揭示目的为何、揭示范围大小，信息主体均不再享有隐私的合理期待。在第三方理论的规范逻辑下，个人“交付”第三方运营商收集存储的手机位置信息属于个人“自愿揭示”的信息，不具有隐私性，执法机关的调取行为当然也不构成搜查。然而，由飞速发展的信息通信技术催生的手机位置信息与商业记录、电话号码具有截然不同的形成方式，手机位置信息形成时间的持续性、形成过程的必需性与被动性直接对第三人理论的理论基础——自愿性提出挑战。

首先，手机位置信息的产生不需要机主除了给手机充电以外的任何积极行为。手机发挥其广泛且日益丰富的各种功能要通过持续与手机基站连接来实现，只要手机处于开机状态，每七秒就会自动连接到信号最强的手机基站，每次连接到基站时，都会生成一个带有时间戳的记录，即手机位置信息。出于寻找网络弱点、收取漫游费用等商业目的，运营商会自动收集存储手机位置信息，并将其在数据库中保存5年。事实上，手机上的任何活动都会生成手机位置信息，例如拨打或接通电话、发送或接收短信等，甚至在查看新闻、天气或更新社交媒体时也会自动生成手机位置信息。其次，手机及其提供的服务是日常生活中无处不在的一部分，参与社会生活获得社会服务都离不开手机，携带手机是融入现代社会不可或缺的一环，除非个人拒绝融入社会，否则难以避免留下手机位置信息的痕迹。因此，无须机主任何积极操作行为，由智能手机与手机基站自动进行信号交互产生的手机位置信息，即使由运营商收集和存储，也难

[1] United States v. Miller, 425 U. S. 435 (1976); Smith v. Maryland, 442 U. S. 735 (1979).

谓“自愿”披露，从而适用第三人理论。❶

（三）手机位置信息对聚焦信息收集阶段的隐私权保护方式的质疑

执法机关对资料的处理可以略分为收集、分析以及使用三个阶段，而美国传统隐私权保障的射程范围却仅及于信息的收集，往往忽略后续的分析、使用。❷ 在评价获取信息行为是否构成搜查这一问题时，联邦最高法院一直将焦点集中在信息收集行为本身，只要信息获取符合第四修正案的原则或例外，则不再规制后续的分析、使用行为。❸ 如雅各布森案中，联邦最高法院明确指出第四修正案合理性要求是对政府行为的规范，并将争点聚焦在执法人员取走粉末的行为是否构成搜查上，至于使用粉末进行化学测试的行为则因揭示内容有限而不予关注。❹ 进言之，美国“重收集、轻分析”的跛足现象正是保护以秘密性为隐私权内核的必然结果，因为在执法人员凭事先获得的搜查令收集个人信息的过程中，隐私中的秘密便被合法窥探，隐私利益业已耗尽。

在科技快速发展的信息社会中挖掘和分析数据已然是一种趋势，信息的二度挖掘或多元合并可能产生的新的隐私利益，也迫使仅关照前端信息收集的隐私权保护方式亟待向后续分析阶段延伸。❺ 尤其是在卡朋特案中，聚焦信息收集环节的传统隐私权保护方式无视了

---

❶ 表面上机主可以选择不使用智能手机，但这样的选择结果会限缩个人的社会生活空间，就如同“洞穴之人”，看似是自由的，实际上是脱离社群的。在这个意义上，个人在面临这样的选择时就已经丧失了一定程度的自治权。参见［美］埃里克·A. 波斯纳：《法律与社会规范》，沈明译，中国政法大学出版社2004年版，第308页。

❷ Orin S. Kerr, “The Mosaic Theory of the Fourth Amendment”, 111 Michigan Law Review (2012), pp. 311 – 332.

❸ Geneva Ramirez, “What Carpenter Tells Us about When a Fourth Amendment Search of Metadata Begins”, 70 Case Western Reserve Law Review (2019), p. 207.

❹ United States v. Jacobsen, 466 U. S. 109 (1984).

❺ Russell D. Covey, “Pervasive Surveillance and the Future of the Fourth Amendment”, Mississippi Law Journal (2011), pp. 1289 – 1290.

手机位置信息后续分析环节隐私利益的存在，严重滞后于技术的发展。涵盖基站台编号、基站台位置、信号接收时间、方向角等资讯的手机位置信息虽不具备同通话内容一般的私密性，但记录了某个时间段某个手机所处的大致位置的手机位置信息，在数据挖掘和数据分析技术能力飞速提升的数字时代，经由整合分析后，可以积沙成塔地聚合出公民穿梭于世间的全貌，提供窥探私人生活的窗口。❶因此，对于离散的手机位置信息，隐私权保护的关键不在于信息收集阶段，而在处于制度真空的信息分析阶段。“监控的未来是信息分析限制规则的未来，该规则将严格管制政府如何使用所收集以及所拥有的信息”，❷ 随着政府、商业机构在数据库建设中对公民信息的大规模收集和存储、数据挖掘与分析能力的不断擢升，隐私权保护的方式也应当相应升级。

三、卡朋特案的回应：数字时代隐私权保护框架的调适与重构

为应对传统隐私权保护框架面对调取手机位置信息时的无力与疲软，美国联邦最高法院重新研究了隐私权理论，指出手机位置信息是横跨两条不同隐私权保护路径的特例，❸ 其一是以诺茨案和琼斯案为代表的位置追踪案件；其二是以米勒案和史密斯案为代表的从第三方调取信息的案件。通过反思传统隐私权保护框架，法院进而提出分析信息性质的多因素测试，为数字时代隐私权保护延续生命。

---

❶ Kevin Miller, “Total Surveillance, Big Data, and Predictive Crime Technology: Privacy's Perfect Storm”, 19 Journal of Technology Law & Policy (2014), pp. 105 – 135.

❷ Orin S. Kerr, Use Restrictions and the Future of Surveillance Law, at https://www.brookings.edu/research/use-restrictions-and-the-future-of-surveillance-law (2019), Last visited on May 24.

❸ Carpenter v. United States, 138 S. Ct. 2214 (2018).

（一）正视信息汇集量与敏感性的关系，承认公共领域存在隐私

基于手机位置信息是一种行踪信息，联邦最高法院通过诺茨案、琼斯案研究确定了信息汇集量与敏感性的关系，即海量手机位置信息足以形成对个人全方位的监控。在诺茨案中，联邦最高法院认为，使用无线信号发射器收集被告车辆的行踪信息不构成搜查，因为汽车在公共道路上的行踪信息是个人自愿传递给任何人的。但是法院仍然慎重区分了利用无线信号发射器进行追踪与全面性监视的差异，强调单次追踪与持续 24 小时拉网式的监控会适用不同的宪法原则。[1]在琼斯案中，GPS 追踪器获取信息的密集度和持续性达到了前所未有的程度，“不同的宪法原则”即得到适用。执法机关收集的长达 28 天、共 2000 多页的行车轨迹数据不仅能精确、全面记录公民在公共空间的位置信息，而且能揭示个人家庭、政治、职业、宗教和性关系等敏感信息。

诺茨案和琼斯案对信息汇集量与敏感性的论断为卡朋特案奠定基础，在裁判过程中联邦最高法院始终聚焦手机位置信息的汇集量与敏感性，得出 127 天的手机位置信息比 GPS 监控更具敏感性、隐私揭示性的结论。首先，智能手机是大数据应用于公民生活的缩影，已经成为日常生活中广泛使用且不可或缺的一部分。以与人身紧密联系的智能手机为媒介，手机位置信息相当于机主的脚踝监视器，能详尽全面地提供某人在过去某段时间的全部行踪轨迹。其次，5 年的数据保留期使手机位置信息具有可追溯性，使警方可以回溯收集嫌疑人过往行踪。相较于在确定犯罪嫌疑人后安装 GPS 追踪器，数据保留期扩大了警方可追踪信息范围，可获取过往 5 年任何一个人的行踪信息。最后，海量公共领域的手机位置信息在数据挖掘、整合、分析技术下，可以由量变引起质变，揭示机主的行为模式、生

---

[1] United States v. Knotts, 460 U. S. 284 (1983).

活习惯、经济状况、宗教信仰等隐私信息。

（二）限制第三人理论适用范围，需结合信息性质判断隐私保护必要性

基于手机位置信息由第三方生成和存储的属性，联邦最高法院对手机位置信息是否适用第三人理论展开深入分析。通过对米勒案和史密斯案的重新探寻，法院发现个人在知情时与他人共享信息的行为会使被共享信息的隐私利益减弱，但并不意味着该信息彻底不受隐私权的保护。判断自愿披露的信息是否享有隐私权保护的关键在于信息本身的性质特点。[1] 卡朋特案将隐私权保护判断的重心调整至被披露信息本身的性质分析上，修正了“一刀切”式的第三人理论适用，将第三人理论的适用范围予以收紧。基于此，联邦最高法院从手机位置信息的敏感性、生成方式的被动性出发，区分了手机位置信息与有限揭示信息的作为交流交往工具的银行记录、电话号码。

一是相较于银行记录、电话号码等反映特定主体、特定时空范围内有限内容的信息，彻底而全面、广泛而连续的手机位置信息具有时间上的持续性、空间上的非特定性、主体上的任意性，能揭示任意手机持有人在5年内连续的行踪轨迹，并且在深度的数据清洗、整合以及挖掘后仍能全面呈现个人的隐私信息。二是与在银行自行填写票据信息、拨打电话号码等有明确、积极主动的披露行为不同，自动生成、存储于运营商的手机位置信息不符合个人“自愿披露”的条件。一方面，手机及其提供的服务是日常生活中无处不在的一部分，具有全面性及日常生活的持续性，是参与现代社会不可或缺的一部分，携带手机不意味着机主自愿承担与运营商共享位置数据的风险；另一方面，手机位置信息的产生不需要机主明确的认可行为，手机上的任何活动都会生成手机位置信息，除将手机关机外，

---

[1] Carpenter v. United States, 138 S. Ct. 2219 (2018).

没有办法避免留下位置数据的踪迹。因此，联邦最高法院裁定虽然手机位置信息是由第三方收集存储的私人位置信息，具有极强的公共色彩，但鉴于手机位置信息的敏感性质、生成的被动特征，由第三方运营商存储的事实不能阻止宪法第四修正案关于隐私权的保护。

（三）引入研判信息性质的多因素测试，关注信息分析阶段

卡朋特案作为继卡兹案以来最重要的宪法第四修正案隐私权案件，其重要性不仅体现在将手机位置信息纳入隐私权范畴，更表现在通过引入分析信息性质的多因素测试，弥补了传统隐私权理论之不足。[1] 在第三人理论、公共暴露理论等传统隐私权理论的规范逻辑下，只要执法机关收集的信息丧失秘密性，无论该信息隐私利益的多寡，均一律不被纳入隐私权保护范畴。为克服传统隐私权理论在数字时代的机械适用，联邦最高法院在卡朋特案中聚焦信息汇集量与信息敏感性，兼顾手机位置信息的收集与分析阶段，通过与商业记录、电话号码对比，总结提炼了手机位置信息的独特性质，即“深刻的揭示性”“深度、广度和全面性”以及“收集的不可避免和自动性”三个特征。[2]

在后卡朋特案时代，手机位置信息的“三性”被类推适用于其他信息的隐私性分析，被归纳为普遍适用的多因素测试，申言之，卡朋特案以降，各级法院在评估第三方持有的信息是否值得隐私权保护时，将不再适用传统“一刀切”式的隐私权理论，而是对信息进行定量和定性评估，研判分析该信息是否满足以下三个因素：（1）信息内容具有深刻的揭示性；（2）信息范围具有深度、广度和全面性；

---

[1] Matthew Tokson, “The Next Wave of Fourth Amendment Challenges after Carpenter”, 59 Washburn Law Journal (2020), pp. 1 – 6.

[2] Carpenter v. United States, 138 S. Ct. 2223 (2018).

(3) 信息是一种不可避免的、自动的数据收集形式的结果。❶ 延续隐私权生命力的多因素测试为保护电子邮件、自动车牌识别数据、智能家居数据等数字信息指明了方向，例如马萨诸塞州法院以多因素测试为指导，深入论证了自动车牌识别数据记录对象的无差别性、记录内容的全面性，以及揭示内容的私密性，从而将自动车牌识别数据纳入隐私权中予以保障。❷

遵循多因素测试的规范逻辑，法院将隐私权保护的重心置于信息性质的研判上，这标志着仅聚焦信息收集环节的传统隐私权保护方式的转变，信息的分析阶段被纳入隐私权保护视野。❸ 具体而言，多因素测试的三个考量因素兼顾了信息的收集与分析环节，内部具有明显的阶段分化，其中“深度、广度和全面性”“收集的不可避免和自动性”聚焦信息的收集阶段，关注收集对象的范围和收集的方式手段；“深刻的揭示性”则将焦点集中在信息的分析环节，关注所收集信息背后的隐私价值。“深刻的揭示性”是由第三方存储的信息规避第三人理论适用的根本原因，也是大数据技术下信息收集的深入性、广泛性、全面性以及自动性的必然结果，在二次或多次数据清洗、碰撞、挖掘、分析下被收集信息揭示内容的隐私性是数字时代赋予该信息隐私权保护的关键。

四、卡朋特案的不足：后卡朋特案时代隐私权保护面临的难题

卡朋特案看似是美国隐私权保护框架适应数字时代最成功的一

---

❶ Daniel de Zayas, “Carpenter v. United States and the Emerging Expectation of Privacy in Data Comprehensiveness Applied to Browsing History”, 68 American University Law Review (2019), pp. 2209 – 2210.

❷ Commonwealth v. Almonor, 482 Mass (2019).

❸ Denae Kassotis, “The Fourth Amendment and Technological Exceptionalism After Carpenter: A Case Study on Hash – Value Matching”, 29 Fordham Intellectual Property, Media & Entertainment Law Journal (2019), pp. 1243 – 1270.

次调适，实则将隐私权保护推向深渊。5：4 的裁判意见侧面显示出卡朋特案的缺陷，狭隘的裁判范围、尚未推翻的第三人理论使得隐私权保护在后卡朋特案时代面临重重困难。

（一）多因素测试难以指导司法实践，逐案审查打开诉讼闸门

卡朋特案过于谨慎的态度限缩了案件的适用边界，有限的裁判范围没有质疑监视摄像头等传统监控技术适用的合宪性，也不影响第三人理论适用于其他附带透露位置信息的商业记录。[1] 事实上，联邦最高法院并未推翻第三人理论，没有回答哪些数据属于第三人理论的适用例外，法院仅仅是在个案中限缩其适用范围。因此，为将新兴技术催生的其他信息纳入隐私权保护范畴，分析信息性质的多因素测试将成为解决问题的唯一途径。然而，内涵模糊、缺乏清晰"明线"标准的多因素测试反而招致了新的隐私权保护困境。

一是以个案审查信息性质为中心的多因素测试无法为法官签发搜查令状、侦查人员实施执法行为提供有效指导。

卡朋特案中，联邦最高法院规避了"深刻的揭示性""深度、广度和全面性"以及"收集的不可避免和自动性"的实际判断标准，未能回答为何 7 天的手机位置信息具有隐私揭示性、6 天以下的手机位置信息是否可以适用卡朋特案的裁判、没有法院令状的情况下执法人员可以获得多少数据等问题。[2] 模糊不清的多因素测试尚未确立统一的判断标准，依赖事后判断的审查方式使得执法机关陷入无法判断执法行为是否违法的困境。各级法院唯有不断判断个案审查信息是否具有隐私性，才能满足数字时代隐私权保护之需要，但法院逐案分析信息性质再决定是否予以保护的做法，永远是被动且

[1] Carpenter v. United States, 138 S. Ct. 2220 (2018).

[2] Carpenter v. United States, 138 S. Ct. 2232 (2018) (Kennedy, J., dissenting).

落后于技术发展的。[1]

二是面对层出不穷的新兴技术，逐案分析信息隐私价值的多因素测试必然导致诉讼爆炸。

随着面部识别技术、自动车牌识别技术、基因检测技术等新兴技术的发展，以及数据挖掘、分析技术的自我学习，海量碎片化信息在数据清洗、碰撞、挖掘和分析下，均存在隐私利益增长的可能。因此，遵循多因素测试的规范逻辑，联邦最高法院和下级法院要不断通过个案审查层出不穷的新技术，通过诉讼回应如何保护不同类型信息的隐私权，逐案分析所收集信息是否具有“深刻的揭示性”“深度、广度和全面性”以及“收集的不可避免和自动性”。申言之，为赋予公开信息隐私权保护，缺乏明确标准、需要逐案审查的多因素测试必然会打开第四修正案诉讼的闸门。[2] 可以预见的是，为避免第四修正案目的的落空，法院会尽可能地将可能揭露隐私的信息纳入隐私权保护范畴，最终将隐私权扩张为包罗万象的“大口袋”。

（二）第三人理论延续适用，数字时代隐私无处遁形

卡朋特案有限的裁判范围肯定了第三人理论在数字时代适用的正当性，使其仍可以完整地适用于除手机位置信息以外的第三方记录，这足以掏空数字时代隐私权的保障。[3] 在以物理空间为场景的前数据时代，由于社会相对封闭、共享程度低，社会监控能力较差，个人披露给第三方的信息范围狭窄，第三人理论对公民隐私干预较小。但是在数字时代，社会与民主秩序的福祉及存续都高度依赖信息的共享，个人生产、生活、人际交往等活动产生的信息均被第三方记录，信息体量远远超出了前数字时代。例如与史密斯案仅仅揭

[1] Zoe Lofgren, “Do Modern Americans Have Fourth Amendment Protection”, 54 Santa Clara Law Review (2014), pp. 901 -916.

[2] Carpenter v. United States, 138 S. Ct. 2247 (2018) (Alito, J., dissenting).

[3] Carpenter v. United States, 138 S. Ct. 2272 (2018) (Gorsuch, J., dissenting).

示电话号码不同，通信技术的进步使运营商可以记录通话对象、通话时间、通话地点、通话时长等信息，并且在数字挖掘、分析技术下还能进一步揭示出通话主体的职业、社会地位与经济状况。

实际上，第三人理论是隐私权保护框架不适用于数字时代的罪魁祸首，[1] 存在明显逻辑漏洞的第三人理论无法为执法机关的信息调取行为提供正当性支撑，原因有三：一是从风险承担理论发展而来的第三人理论混淆了“风险识别”与“风险承担”的内涵，个人认识到第三方主体可能将信息泄露给执法机关并不等同于个人自愿承担该风险。二是个人向第三方披露信息不意味着向所有人披露信息，更不等同于默认执法机关可以无令状收集该信息。事实上，第三方原则漠视了信息主体对信息流转范围的控制权，个人向第三方披露信息后仍可以支配该信息的“可达性”范围，有权决定该信息继续向谁披露、披露的内容多少。三是第三人理论的逻辑前提——自愿性在大数据时代难以成立。数字社会是一个充斥着各种记录的社会，为参与社会活动、建立社会关系，个人不得不选择与第三方“共享”信息，这种“自愿共享”充其量是一种“附条件的自愿”。[2] 第三人理论对隐私利益的严重干预已经动摇其正当性的根基，在全面开启自我揭示的时代，应当重新审视将信息披露给第三人即不享有隐私权的僵化见解，否则数字社会中隐私将成为虚幻。

五、卡朋特案的启示：数字时代下我国刑事侦查与公民隐私权保护

伴随着大数据技术在刑事侦查中的深度嵌入，大规模视频监控、数据库查询比对、GPS 定位等收集使用个人信息的侦查方式，逐渐

---

[1] Daniel J. Solove, “Fourth Amendment Codification and Professor Kerr's Misguided Call for Judicial Deference”, 74 Fordham Law Review (2005), pp. 747 – 753.

[2] Daniel J. Solove, “Digital Dossiers and the Dissipation of Fourth Amendment Privacy”, 75 Southern California Law Review (2002), pp. 1083 – 1089.

成为侦办案件的主要手段。与蓬勃发展的大数据侦查形成鲜明对比，我国刑事侦查程序中规范个人信息收集、使用的相关规定尚处于起步阶段，个人信息保护权利基础不甚明确，也由此引发数字时代下刑事侦查权力的过度扩张。卡朋特案或可为我国今后规范刑事侦查权与保护个人隐私权提供借鉴与启示。

（一）坚持保障隐私权以规范侦查权力行使

美国为阻止公权力对私人生活的过度干预，对收集公民隐私信息的侦查行为构建起了以第四修正案确立的搜查规则和隐私权判例为中心的规范框架。即使以秘密性为内核的隐私权理论在数字时代遭受诸多质疑，联邦最高法院仍在卡朋特案中延续了隐私权保护方式，以隐私权为标尺划定侦查权力与公民私生活的界限。美国坚持保障隐私权以规范愈加膨胀的侦查权力的做法对我国具有启示意义。随着大数据侦查的深入发展，个人从“摇篮”到“坟墓”的全部信息均可能成为警方侦查犯罪的宝库。在全面开启自我揭示的时代，防止私人生活被过度窥视的隐私权对区隔公权力、保障人的自主性具有突出意义。然而我国《刑事诉讼法》却处于重人身权、轻财产权、忽视隐私权和个人信息保护的传统时代，[1] 公民隐私面临着“裸奔”的风险。我国现行《刑事诉讼法》缺乏对隐私权的明确承认和保护，仅有个别条款关涉隐私权，且停留在保密层面，对在信息社会中日益重要的个人信息保护更是毫不涉及。[2] 可以说，隐私权几乎是无条件地服从侦查犯罪的需要，导致在侦查实践中，各类侦查措施在没有得到立法明确授权时，常以“任意侦查”的方式侵入公民私生活领域。

为适应信息社会的发展，面对新问题和新挑战时，我国规范刑

---

[1] 参见程雷：《大数据侦查的法律控制》，载《中国社会科学》2018年第11期，第156－157页。

[2] 对我国刑事侦查领域隐私权保护状况的系统梳理，参见向燕：《刑事侦查中隐私权领域的界定》，中国政法大学出版社2011年版，第15－17页。

事侦查权力行使应坚持以隐私权保护为工具，关注隐私权保护的具体需求。宪法学者已经从“人权条款”“人格尊严条款”完成隐私权的合宪性论证，将其定位为宪法“未列举的基本权利”，[1] 因此通过部门法制约侦查权力行使达致隐私权保护的目的既具有现实迫切性又具可行性。在宪法框架下对《刑事诉讼法》所保护的基本权利范围进行适度拓展，将隐私权扩充为区分强制侦查与任意侦查的判断标准，是刑事程序规范对宪法权利保障的应有之义，可通过修改《刑事诉讼法》或制定司法解释从实体条件和程序条件两个方面对收集使用个人信息的行为进行规范，以强制侦查法定主义为准则，对侵犯公民隐私权的收集与使用个人信息的侦查行为设定严格且明晰的启动要件、审批权限与适用条件。

（二）构建侦查程序中收集使用个人信息的规范制度

信息技术的发展促使侦查机关越来越多地使用个人信息作为重要的犯罪线索，侦查机关能收集哪些个人信息、在何种程度上以何种方式使用这些信息都已经对传统刑事诉讼规则形成冲击。[2] 随着执法机关收集、处理信息能力的不断提升，规范个人信息收集与使用的工具也应当相应升级。卡朋特案已经证实秘密性隐私权在数字时代会面临无尽的挑战，经由多因素测试逐案审查的做法也会造成隐私权保护的滞后。因此，数字时代需要更为积极的方式规范公共领域的个人信息收集与使用。

与刑法、民法、行政法领域个人信息保护立法纷纷取得相应成果形成对比，刑事诉讼领域的个人信息保护状况不容乐观。我国现行《刑事诉讼法》主要适用场域是物理空间，对在信息社会中愈加重要的个人信息缺乏关注，《刑事诉讼法》体系尚未构建起信息领域

---

[1] 李忠夏：《数字时代隐私权的宪法建构》，载《华东政法大学学报》2021 年第 3 期，第 46 页。

[2] 裴炜：《个人信息保护法与刑事司法的分离与融合》，载《中国政法大学学报》2020 年第 5 期，第 150 页。

的适用规则。因此，在以数字科技为代表的新兴技术深度嵌入刑事侦查时，为规范个人信息的普遍收集与使用，我国刑事诉讼程序中应当建立起相应的个人信息保护制度，弥补隐私权保护之滞后性与被动性。例如实施信息处理分段控制制度，按阶段有重点地进行差异化程序控制，对数据挖掘、分析等深度利用阶段设置更高的审批权限、更严格的监督制度等；加强数据库的管理规范，建立起公安机关内部的信息管理控制机制；建立个人信息分级、分类管理制度，对敏感个人信息重点保护，规定更为严格的启动事实条件和审批权限；建立涉案个人信息严格保密制度、专人保管机制与信息销毁、封存机制，规定数据移转传递过程中信息泄露的责任承担，防止随意传输个人信息。

Privacy Protection in Criminal Investigation in the Digital Age

—A Study Centered on the Carpenter Case in the United States of America

Yan Fei　Liu Wenqi

Abstract: The Fourth Amendment privacy framework of the United States Constitution has long been regarded as a guideline for regulating government access to information and protecting citizens from unreasonable intrusion into their private lives. However, when the emerging technologies represented by digital technology are deeply embedded in criminal investigations, the privacy doctrine with secrecy as its core can fall into a chaotic state in the face of large-scale information collection, mining and analysis, which can easily cause an imbalance between privacy interests and law enforcement interests. The 2018 Carpenter Case is one of the most important privacy cases in the U. S. digital era, which focuses on the challenges faced by the traditional privacy protection model in addressing the problems brought by emerging technologies challenges in addressing the problems posed by emerging technologies, and perpetuated the life of privacy rights in the digital age by presenting a multi - factor test to analytically argue for the private nature of cell phone location information. However, the limited scope of Carpenter makes privacy protection a more difficult dilemma in the post-Carpenter era. The challenges, adaptations, and shortcomings of privacy protection in Carpenter will help China focus on the specific needs of privacy protection in investigation procedures, insist on using privacy as a tool to regulate the expanding criminal investigation power in the digital age, and build a regulatory system for the collection and use of personal information in investigation procedures to compensate for the lagging and one - sided nature of privacy protection.

Key words: the fourth amendment, privacy rights, carpenter case, cell phone location information, access

【学术新声】

论认罪认罚从宽制度推行中对审判中心的偏离与回归

丰怡凯*

内容摘要： 党的十八大以来，认罪认罚从宽制度与以审判为中心的诉讼制度改革共同构成了我国刑事诉讼制度改革的主体图景。从改革层面与理论层面追根溯源，可以发现，认罪认罚从宽制度与以审判为中心的诉讼制度改革之间呈现出一种“相互依存、相辅相成”的应然关系样态。伴随着改革进程的不断深化，二者之间并未完全按照预期的理想图景发展，其关系偏差样态主要表现为“制度设计上未能形成充分改革合力”“实践语境下审判资源分配失衡与诉审关系失序”。为确保认罪认罚从宽制度与以审判为中心的诉讼制度改革能够长久持续且富有成效，应当及时修复二者之间产生的偏差，重塑良性互动、相互促进的逻辑关系。

关键词： 认罪认罚从宽制度　以审判为中心的诉讼制度改革　关系样态　修复进路

认罪认罚从宽制度与以审判为中心的诉讼制度改革具有改革同

源性。[1] 但是，从目的与内容角度来看，二者之间的关系扑朔迷离、耐人寻味：在目的方面，司法改革决策者提出，认罪认罚从宽制度的确立在于优化司法资源配置，高效惩治犯罪，进而推进以审判为中心的刑事诉讼制度改革，[2] 彰显了一种前者配合后者的基本关系；在内容方面，二者之间产生了显性的形式性冲突，包括但不限于"认罪认罚从宽制度快速处理案件的效率价值与以审判为中心倡导的司法公正的冲突""认罪认罚从宽制度下的诉讼重心前移与以审判为中心原则的冲突"[3]"认罪认罚从宽制度下的检察官司法与以审判为中心下的法官中立裁判的冲突"[4] 等类型。以此表明，作为当前刑事诉讼领域内的核心性、基础性制度，认罪认罚从宽制度与以审判为中心的诉讼制度改革之间的关系并未得到根本厘清，甚至在改革过程中还产生了异变与偏差，这显然悖离了司法改革初衷。有鉴于此，本文旨在从理论层面深入探究并澄清二者之间的应然关系，并检视改革实践中二者间可能存在的关系偏差现状。在此基础上，本文进一步反思了关系偏差产生的内在原因，并尝试提出对应的完善进路，以期推进认罪认罚从宽制度与以审判为中心的诉讼制度改革能够在完善自身的基础上实现良性互动。

---

[1] 2014年，党的十八届四中全会通过的《中共中央关于全面推进依法治国若干重大问题的决定》同时提出了"推进以审判为中心的诉讼制度改革"与"完善刑事诉讼中认罪认罚从宽制度"。

[2] 参见最高人民检察院办公厅（新闻办）主任、新闻发言人王松苗在2019年10月24日最高人民检察院召开的"准确适用认罪认罚从宽制度"新闻发布会上的谈话，https://www.spp.gov.cn/spp/zgrmjcyxwfbh/zqsyrzrfckzd/index.shtml，最后访问时间：2021年7月10日。

[3] 参见李建明、许克军：《"以审判为中心"与"认罪认罚从宽"的冲突与协调》，载《江苏社会科学》2021年第1期，第123页。

[4] 参见孙长永：《认罪认罚从宽制度实施中的五个矛盾及其化解》，载《政治与法律》2021年第1期，第6页。

一、争鸣与思辨：二者之间的应然关系样态

党的十八届四中全会提出“推进以审判为中心的诉讼制度改革”与“完善认罪认罚从宽制度”以来，理论界一直致力于通过理论演绎厘清二者之间的逻辑关系。但迄今为止，理论界尚未就二者之间的关系样态达成普遍共识，而是“仁者见仁，智者见智”。归纳而言，针对认罪认罚从宽制度与以审判为中心的诉讼制度改革之间的应然逻辑关系，理论界有以下几种代表性认识。

其一，“互相矛盾说”。持该观点的学者认为，一方面，以审判为中心的诉讼制度改革的落脚点在于推进实现庭审实质化，而以速裁程序、简易程序为代表的认罪认罚案件审理程序呈现出高度简化的特征，容易导致原本已经几近形式化的庭审彻底沦落为表演性质的庭审活动。另一方面，认罪认罚从宽制度所寻求的“认罪案件快速审理，非认罪案件实质化审理”体现了一种形式上的自我矛盾，[1]在此基础上只能构建出畸形、不完全的以审判为中心的诉讼制度。

其二，“互斥共存说”。承认检察机关在刑事诉讼审前阶段的主导地位，是认罪认罚从宽制度与以审判为中心的诉讼制度改革之间“互斥共存”观点的立论前提。例如，有论者指出，从认罪认罚从宽制度的启动、具体运行环节来看，检察机关已经日趋成为该制度的“密钥”与关键，相应地，审查起诉阶段业已成为认罪认罚从宽程序的中心。在此基础上，伴随着认罪认罚从宽制度与以审判为中心的诉讼制度改革的同时推进，刑事诉讼中“以审查起诉为重心”与

[1] 由于该观点在提出之时，认罪认罚从宽制度试点工作尚未展开，因此其并未直接提出认罪认罚从宽制度与以审判为中心的诉讼制度改革相矛盾。但该观点的核心思想是，简易程序、速决程序的不断扩展适用与庭审实质化的改革目标有自相矛盾之虞。显然，从该观点出发，认罪认罚从宽制度所大规模推行的速裁程序与以审判为中心强调的庭审实质化亦有矛盾的可能。参见张建伟：《审判中心主义的实质内涵与实现途径》，载《中外法学》2015 年第 4 期，第 869 页。

“以审判为中心”呈现出明显的“互斥共存”特征。[1] 概言之，该观点认为前者并不依存于后者，在具体诉讼范围内是并立、二元的关系。

其三，“策应配套说”。该观点强调了认罪认罚从宽制度服务于以审判为中心的诉讼制度改革的工具属性。持此主张的论者认为，以审判为中心的诉讼制度改革在我国刑事诉讼中具有诉讼理念、诉讼模式等基础地位，其作用与位阶高于认罪认罚从宽制度，后者本质上属于前者的基础辅助措施。[2] 在此意义上，认罪认罚从宽制度并不能与以审判为中心的诉讼制度改革并列，其本质上是以审判为中心和庭审实质化改革的配套策应制度。[3]

其四，“相互依存说”。当前理论界主流观点认为，认罪认罚从宽制度与以审判为中心的诉讼制度改革之间具有相互依存、相辅相成的逻辑关系。持该主张的学者认为，认罪认罚从宽制度与以审判为中心的诉讼制度之间并非对立排斥，而是相辅相成、互相促进，且对于办案机关与办案人员而言，表现为一种应然要求与实然需求之间的逻辑关系。[4] 有学者进一步指出，认罪认罚从宽制度本质上是推进以审判为中心的诉讼制度改革的有机组成部分，并非独立于其外，更不是对以审判为中心的悖离。[5] 扼要来说，持该观点的学者们普遍认为，认罪认罚从宽制度与以审判为中心的诉讼制度改革实乃一体两面的关系，作为构建多层次刑事诉讼制度的两个侧面，其只

---

[1] 参见李奋飞：《以审查起诉为重心：认罪认罚案件的程序格局》，载《环球法律评论》2020年第4期，第24页。

[2] 参见樊崇义、常铮：《认罪认罚从宽制度的司法逻辑与图景》，载《华南师范大学学报（社会科学版）》2020年第1期，第170页。

[3] 参见李建明、许克军：《“以审判为中心”与“认罪认罚从宽”的冲突与协调》，载《江苏社会科学》2021年第1期，第123页。

[4] 参见顾永忠：《关于完善“认罪认罚从宽制度”的几个理论问题》，载《当代法学》2016年第6期，第132页。

[5] 参见汪海燕：《认罪认罚从宽制度的确立及其完善》，载《人民论坛》2020年第24期，第114页。

有在共同推进与协调发展的基础上才能相得益彰，❶ 取得改革实效。

不难发现，就两者的关系而言，理论界尚未形成普遍共识。对以上各观点进行考察，可以得出以下认识：虽然“相互矛盾说”敏锐察觉到了两者之间的张力与独特属性，但是，其直接否认了认罪认罚从宽制度与以审判为中心的诉讼制度改革之间的共存合理性与可能性，既有违决策者改革的初衷，亦不契合当前司法实践。尽管持“互斥共存说”的学者已明确指出，认罪认罚案件所遵行的“以审查起诉为重心”并非要否定“以审判为中心”的原则性地位，❷ 但不可否认的是，该观点的立场在于尝试脱离以审判为中心的诉讼制度改革理念对认罪认罚从宽制度的应有“引力”，主张确立后者的独立地位，因而本质上割裂了两者的内在联系。对此笔者不敢苟同。尽管“策应配套说”一定程度上表明了认罪认罚从宽制度对于以审判为中心的诉讼制度改革具有积极促进作用，即有助于“推进法庭审判实质化”❸，但需要指出的是，此观点未能明确认识认罪认罚从宽制度与诉讼制度改革的关系。一方面，其未能看到以审判为中心的诉讼制度改革对认罪认罚从宽制度亦具促进与推动作用，即“以审判为中心的诉讼制度改革所构建的公正审判程序能够有力推动被追诉人自愿选择认罪认罚从宽程序，进而奠定认罪认罚从宽制度的正当性基础”。❹ 另一方面，从现有法律规范或实践运行层面进行考察，以上两种制度之间呈现出鲜明的平等性，并未存在一方专属服务另一方的关系特征。❺ 有鉴于此，笔者亦不认同“策应配套说”。

---

❶ 参见吴宏耀：《论认罪认罚从宽制度》，载《人民检察》2017 年第 5 期，第 5 页。

❷ 参见李奋飞：《以审查起诉为重心：认罪认罚案件的程序格局》，载《环球法律评论》2020 年第 4 期，第 24 页。

❸ 参见沈德咏：《论以审判为中心的诉讼制度改革》，载《中国法学》2015 年第 3 期，第 13 页。

❹ 熊秋红：《比较法视野下的认罪认罚从宽制度——兼论刑事诉讼第四范式》，载《比较法研究》2019 年第 5 期，第 98 页。

❺ 参见王昱蕴：《认罪认罚从宽与“以审判为中心”诉讼制度的关系辨析》，载《阜阳师范大学学报（社会科学版）》2020 年第 6 期，第 106 页。

笔者赞同“相互依存说”。从制度设立初衷出发，认罪认罚从宽制度与以审判为中心的诉讼制度改革之间表现为“相互依存、相辅相成”的应然关系样态：一方面，“以审判为中心”并非要求所有的案件都必须进入审判程序中来，同样也不意味着每件案件都须经过严密的普通程序审理。事实上，“以审判为中心”并非一个固化的理论模型：“以审判为中心”在不同审理程序中具有不同实现形式，庭审实质化在不同审理程序中也具有不同要求。[1] 在认罪认罚从宽制度的语境下，控辩双方虽由原本的对抗姿态转向了合作与协商，但是，这并不意味着认罪认罚案件毫无争议，更不表明认罪认罚案件无须经过法庭审理。基于此，依据认罪认罚案件的案情复杂程度、案件性质严重程度，会对其选择适用速裁程序、简易程序和普通程序之中的一种，这本身亦是坚持和贯彻以审判为中心诉讼理念的表现。另一方面，认罪认罚从宽制度在一定程度上作为我国本土意义上的“放弃正式审判”制度，[2] 其通过构建“认罪案件——非认罪案件”的繁简分流机制，能够将被追诉人自愿认罪的案件从常规刑事诉讼程序中分流出去，从而形成一种多层次的刑事诉讼制度体系，以实现“简案快审、繁案精审”的目的。这是因为，推进以审判为中心的诉讼制度改革意味着巨量司法资源的投入与消耗，与此同时，司法资源的有限性无法对每一起刑事案件都采用繁复的刑事诉讼程序。故此，立法上需要通过一定的激励措施，鼓励符合一定条件的被告人自愿放弃诉诸正式审判的权利，从而为其他重大、复杂案件的庭审实质化提供支持。据此，可以认为，应然层面上，认罪认罚从宽制度与以审判为中心的诉讼制度改革之间存在着相互依存、相辅相

---

[1] 参见朱孝清：《认罪认罚从宽制度中的“主导”与“中心”》，载《检察日报》2019年6月5日，第3版。

[2] 研究表明，截至2015年底，世界上已多达66个国家与地区建立了鼓励被告人认罪、放弃正式审判的制度（简称“放弃审判制度”）。对此，有学者指出，我国认罪认罚从宽制度也在此之列。参见熊秋红：《比较法视野下的认罪认罚从宽制度——兼论刑事诉讼第四范式》，载《比较法研究》2019年第5期，第85页。

成的良性互动关系，这也是实现以审判为中心的诉讼制度改革的题中之意。

二、误区与偏差：二者之间的实然关系

在相互依存、相辅相成的理想关系下，以审判为中心的诉讼制度改革能够不断完善公正审判程序，强化被追诉人的公正审判权，从而能够为其自愿选择简化审判程序提供更有力的制度保障；同时，认罪认罚从宽制度应当把“以审判为中心”的诉讼理念作为自我检视与自我完善的基本方式，保障选择认罪认罚从宽程序中被追诉人的合法权利，促进案件处理的公正性。然而，当前以审判为中心的诉讼制度改革与认罪认罚从宽制度改革的实践表明，二者之间的上述理想关系并未很好彰显。相反，随着改革进程的不断深化，两大基本制度之间的关系产生了一定程度上的变异与偏差，值得省思。

（一）制度设计：未能形成改革合力

1. 以审判为中心的诉讼制度改革的滞后与沉寂

在推进以审判为中心的诉讼制度改革方面，以《关于推进以审判为中心的刑事诉讼制度改革的意见》《关于全面推进以审判为中心的刑事诉讼制度改革的实施意见》为代表的司法文件，逐步确立了相关核心内容，包括“改革庭前会议、确保案件实质审理”“规范普通审理程序，实现庭审实质化”“全面贯彻证据裁判原则”等，[1]以期推动实现诉讼证据出示在法庭、案件事实真相查明在法庭、控辩意见发表在法庭、裁判结果形成在法庭的局面。此外，在落实严格排除非法证据规定、保障律师辩护权、完善法律援助制度等配套

[1] 参见陈光中：《中国现代司法制度》，北京大学出版社 2020 年版，第 228－229 页。

措施上相继施力。[1] 应当承认的是，以审判为中心的诉讼制度改革确实取得了一定成效，有利于推进侦查、审查起诉等审前阶段诉讼行为服务于审判活动，发挥庭审对于裁判形成的决定性作用。

需要指出的是，较之于认罪认罚从宽制度，当前以审判为中心的诉讼制度改革，逐渐趋于停滞，未能在已有改革基础上更进一步。例如，认罪认罚从宽制度改革相关的试点经验与理论成果已被2018年刑事诉讼法所吸纳，认罪认罚从宽制度也得以在法律层面正式确立。但是，与之相伴而生的以审判为中心的诉讼制度改革却没有得到刑事诉讼法上的关注与回应。党的十八大以来有关加强司法机关独立行使职权、扩大法律援助范围、严格实施非法证据排除等诸多重要改革举措，未能得到立法层面上的及时确认与巩固，[2] 这严重影响了以审判为中心的诉讼制度改革成效与功能发挥。除此之外，即使在既有改革成效方面，有学者的实证研究表明，以审判为中心的诉讼制度改革的总体实践效果不尽如人意。[3]

值得注意的是，以审判为中心的诉讼制度改革停滞不前为认罪认罚从宽制度的完善增添了隐忧。换言之，以审判为中心的诉讼制度改革未达到预期效果，本质上无益于认罪认罚从宽制度的长远发展。理由在于：

从宏观层面看，无论是英美法系国家抑或大陆法系国家，以认罪协商制度为代表的协商性司法均建立在较为完备的刑事正当程序之上。[4] 但是在我国，这一逻辑并未得到有效遵循。正如有学者所

---

[1] 为落实推进以审判为中心的诉讼制度改革，在司法解释层面，相继出台了《关于办理刑事案件严格排除非法证据若干问题的规定》《关于完善法律援助制度的意见》《关于开展法律援助值班律师工作的意见》《关于开展刑事案件律师辩护全覆盖试点工作的办法》等多项配套制度规定。

[2] 参见陈光中：《中国现代司法制度》，北京大学出版社2020年版，第256页。

[3] 参见魏晓娜：《以审判为中心的诉讼制度改革：实效、瓶颈与出路》，载《政法论坛》2020年第2期，第162页。

[4] 参见孙长永：《认罪认罚从宽制度实施中的五个矛盾及其化解》，载《政治与法律》2021年第1期，第9页。

言，“与一些法治发达国家相比，我国是在刑事诉讼‘第三范式’发育尚不充分的情况下迈向刑事诉讼‘第四范式’”，[1] 意在指明认罪认罚从宽制度实际上是在正当程序建设尚未完成、以审判为中心的诉讼制度改革尚未实现的背景中仓促孕育而生的，因而具有控辩失衡在内的诸多“先天不足”。[2] 基于这种先天性缺陷，被追诉人在认罪认罚从宽程序中享有的认罪认罚选择权，难以得到有效保障，这不仅容易诱发“屈从型自愿”[3] 的认罪认罚，甚至还可能导致“协商性司法错误”[4]，从而为认罪认罚从宽制度带来“公正性遭受怀疑”在内的诸多负面评价，损害认罪认罚从宽制度的持续性生命力。

微观层面而言，认罪认罚从宽制度的持续稳定运行有赖于完善“以审判为中心”的庭审实质化制度。尽管理论界与实务界在“以审判为中心”的具体要义上仍有争议，[5] 但业已形成了若干基本共识，即承认以审判为中心的诉讼制度改革意涵在于“实现庭审实质化、去空洞化”。[6] 需要明确的是，庭审实质化所主张的被告人有权获得辩护、控辩双方平等有效对抗、法官居中裁判等刑事正当程序要求，同样对认罪认罚从宽制度具有拘束力。这是因为，依据《刑

---

[1] 熊秋红：《比较法视野下的认罪认罚从宽制度——兼论刑事诉讼第四范式》，载《比较法研究》2019 年第 5 期，第 100 页。

[2] 参见龙宗智：《完善认罪认罚从宽制度的关键是控辩平衡》，载《环球法律评论》2020 年第 2 期，第 9 页。

[3] “屈从型自愿”与“主动型自愿”相对立，主要指犯罪嫌疑人、被告人基于协商基础不充分、权利保障有限或因畏惧公权力机关的心态而作出的认罪表示。参见郭烁：《认罪认罚背景下屈从型自愿的防范——以确立供述失权规则为例》，载《法商研究》2020 年第 6 期，第 129 页。

[4] 有学者认为，不同于传统冤假错案发生在对抗性司法场域中，协商性刑事司法错误产生于协商性司法场域中，其典型样态为“无辜者认罪”。参见王迎龙：《协商性刑事司法错误：问题、经验与应对》，载《政法论坛》2020 年第 5 期，第 49－50 页。

[5] 参见顾永忠：《一场未完成的讨论：关于“以审判为中心”的几个问题》，载《法治研究》2020 年第 1 期，第 109 页。

[6] 参见胡婧：《刑事普通程序庭审实质化的强化路径》，载《甘肃社会科学》2021 年第 2 期，第 166 页。

事诉讼法》的规定，认罪认罚从宽制度并非辩诉交易般的完全放弃审判制度，其较之于正式审判程序只是简化或略去了部分程序环节，审判仍将是诉讼程序的中心，只是将审理重点从传统的定罪量刑问题转化为对被告人认罪认罚的自愿性以及事实基础的审查。鉴于此，在推进庭审实质化改革效果不彰的现实背景下，仅依靠行政压力扩张适用认罪认罚制度，[1] 将可能导致诸如无辜者认罪等协商性司法错误。纠正这些错误必然会导致司法资源投入的增加，最终无法发挥认罪认罚从宽制度的预期作用。[2]

2. 认罪认罚从宽制度部分内容饱受争议

自试点以来，理论界对关涉认罪认罚从宽制度的诸多内容存有一定程度的质疑与担忧。应当承认的是，认罪认罚从宽制度领域内的部分设计，至少在形式上不契合以审判为中心的诉讼制度改革意图，进而对两者间“相辅相成”的合力目标产生羁绊，主要表现在以下两方面。

其一，“以审查起诉为重心”对“以审判程序为中心”的冲击。在对“以审判为中心”内涵的解读方面，各方达成的共识之一是：在整个刑事诉讼程序中，审判程序应当居于中心地位，包括侦查程序、审查起诉程序在内的其他诉讼程序均服务于审判程序。[3] 换言之，从启动刑事追诉程序开始，办案机关就应当按照审判活动的要求进行调查取证、公诉指控等诉讼活动。循此思路，在推进以审判

[1] 例如，最高人民检察院副检察长陈国庆曾在2019年8月底全国检察机关刑事检察工作会议上，提出认罪认罚从宽制度适用率要提高至70%左右。参见最高人民检察院官网，https://www.spp.gov.cn/spp/zgrmjcyxwfbh/zqsyrzrfckzd/index.shtml，最后访问时间：2021年7月10日。此外，2020年4月最高人民检察院印发的《检察机关案件质量主要评价指标》中明确指出，认罪认罚从宽制度的适用率将成为一项重要的考核指标，这无疑会进一步强化检察机关的指标压力。

[2] 参见王迎龙：《协商性刑事司法错误：问题、经验与应对》，载《政法论坛》2020年第5期，第58页。

[3] 参见胡婧：《刑事普通程序庭审实质化的强化路径》，载《甘肃社会科学》2021年第2期，第166页。

为中心的诉讼改革过程中，应坚持将审判程序作为刑事诉讼活动的中心场域。但是，考察认罪认罚从宽制度的立法设计后可以发现，审查起诉阶段业已成为该制度适用的典型场域，主要表现在检察机关对适用认罪认罚从宽制度具有更充分的话语权。当前理论界普遍承认，检察机关是关涉认罪认罚从宽制度功能发挥的“密钥”，并事实上居于主导责任地位。[1] 这意味着，尽管理论层面认罪认罚从宽制度贯穿于各个诉讼阶段，但事实上，检察机关在该制度的运行中发挥着核心作用。具体表现为：审查起诉阶段，检察机关除在履行权利告知、听取意见等诉讼关照义务的基础上促成被追诉人认罪以外，对于犯罪嫌疑人在侦查阶段认罪的自愿性具有审查权，以检验在先的认罪认罚程序是否符合法定要求。此外，控辩双方协商一致的量刑建议对于审判者具有“一般应当”采纳的拘束力，即使因明显不当而不被审判者认可，检察机关依然有权先行调整。基于此，有学者指出，认罪认罚案件的程序重心在于审查起诉环节，并以此提出了“以审查起诉为重心的认罪认罚案件程序格局”这一理论观点。[2]

可见，认罪认罚案件的诉讼模式呈现出明显的“以审查起诉为重心”特征，“以审判为中心”的色彩则不甚浓厚。对此，有论者认为，认罪认罚案件中，审前程序几乎把原来需要通过审判裁决的实质性问题予以提前解决，审判活动似乎沦为“橡皮图章”式的核准，审前程序代行了部分审判程序职能，就此导致认罪认罚从宽制度与以审判为中心的诉讼制度上的形式冲突。[3]

其二，检察机关量刑建议权对审判机关量刑裁判权的冲击。作

[1] 参见汪海燕：《认罪认罚从宽制度中的检察机关主导责任》，载《中国刑事法杂志》2019 年第 6 期，第 51－55 页；赵恒：《论检察机关的刑事诉讼主导地位》，载《政治与法律》2020 年第 1 期，第 34－35 页；闫召华：《检察主导：认罪认罚从宽程序模式的构建》，载《现代法学》2020 年第 4 期，第 38 页。不再逐一列举。

[2] 参见李奋飞：《以审查起诉为重心：认罪认罚案件的程序格局》，载《环球法律评论》2020 年第 4 期，第 24 页。

[3] 参见李建明、许克军：《“以审判为中心”与“认罪认罚从宽”的冲突与协调》，载《江苏社会科学》2021 年第 1 期，第 124 页。

为公诉权的组成部分，检察机关向审判机关移送案件时有权提出案件的处理意见，其中包括具体的量刑建议。从属性而言，检察机关的量刑建议权本质上仍属于求刑权。因此，在过往非认罪认罚案件中，检察机关单方提出的量刑建议对审判机关没有法定拘束力，仅能成为审判机关量刑裁量的参考，审判机关仍需依托庭审活动在查明案件事实、认定证据的基础上最终形成量刑结论。自认罪认罚从宽制度入法以来，根据立法设计，检察机关在认罪认罚案件中所提出的量刑建议，不再具有单方性，而是承载控辩双方的合意，因而对审判机关具有相对的强制性约束力，即立法上所规定的审判机关“一般应当”采纳量刑建议。[1] 易言之，认罪认罚案件中的量刑建议，已经演变为审判机关处刑的直接依据。[2] 除此之外，即使量刑建议有明显不当或辩护人一方对量刑建议提出异议，审判机关需要遵循“检察机关调整原有量刑建议在先、审判机关裁判在后”的程序要求。[3] 鉴于此，有学者指出，至少在形式上，如此刚性的检察机关量刑建议权大大压缩了原属于审判机关的量刑裁判权，与“以审判为中心”存在明显悖离。[4]

（二）实践语境：审判资源分配失衡与诉审关系失序

前文论及，受以审判为中心的诉讼制度改革进程停滞以及部分具有争议性的认罪认罚从宽制度设计的影响，两者间并未形成预期的改革合力。顶层设计的不周延会导致实践运行的偏差。这意味着，

---

[1] 参见《刑事诉讼法》第201条第1款。

[2] 参见卞建林、李艳玲：《认罪认罚从宽制度适用中的若干问题》，载《法治研究》2021年第2期，第2页。

[3] 依据《刑事诉讼法》第201条第2款规定，即使在量刑建议明显不当、辩方提出异议的情形下，审判机关也不能直接作出判决，相反，应当遵循这样一种前置程序，即只有当检察机关不予调整抑或调整后的量刑建议仍明显不当时，审判机关才可以依法作出相应裁判。

[4] 参见李建明、许克军：《“以审判为中心”与“认罪认罚从宽”的冲突与协调》，载《江苏社会科学》2021年第1期，第124页。

实践中以审判为中心的诉讼制度改革与认罪认罚从宽制度同样未能完全处于“相辅相成、相互依存”理想关系轨道上，进而影响了两者应有功效的发挥。具体而言，实践语境下两者关系偏差表现为以下两种样态。

1. “以审判为中心”框架下的审判资源分配失衡

就适用范围而言，以审判为中心的诉讼制度改革与认罪认罚从宽制度都贯穿于整个刑事诉讼活动，同时能够深刻影响我国刑事司法制度的走向。略有不同的是，前者是一种相对宏观的制度理念，核心要求在于实现庭审实质化，在主张审前活动对标审判标准的同时，推进刑事普通审判程序的正当化进程，切实维护被追诉人的公正审判权；后者作为一种具体的刑事司法制度，旨在通过被追诉人的自愿认罪认罚，实现程序分流，快捷地完成案件处理与犯罪治理。在此意义上，以审判为中心的诉讼制度完全可以与认罪认罚从宽制度并肩适用，相互促进。前者所蕴含的公正理念为后者的运行厘定了可供遵循的边界；后者的推行则为前者的贯彻落实贮备充足的司法资源。

受制度设计层面的瑕疵影响，认罪认罚从宽制度并未与以审判为中心的诉讼制度形成预期的改革合力。具体到实践语境，其表现之一是，认罪认罚从宽制度的推行未能实现为以审判为中心的诉讼制度改革贮备审判资源的预期目标。[1] 例如，据 2021 年《最高人民检察院工作报告》可知，2020 年全国由检察机关主导的认罪认罚适用率已超过 85%，其中判处不满三年有期徒刑及以下刑罚的案件仅占比 77.4%。这表明，虽然当前大部分案件适用认罪认罚从宽制度，但最终适用速裁程序或简易程序的案件仅占总数的四分之三左右。此外，相关数据进一步表明，实践中仅 27.6% 的认罪认罚案件在庭审阶段以速裁程序的方式结案，这与适用普通程序结案 23% 的比例

[1] 在整个以审判为中心诉讼制度改革框架下，认罪认罚从宽制度承载着进一步优化审判资源配置、高效惩治犯罪的改革功能与目标。

相接近，但二者均不及适用简易程序比例的一半。[1] 据此，可以认为，当前认罪认罚案件在“速裁程序—简易程序—普通程序”的程序适用比例上，大体呈现出一种“两头小、中间大”的“橄榄球”型样态。

就上述认罪认罚从宽制度适用的实践状况而言，其恐怕无法有效满足“以审判为中心框架下合理配置审判资源”的改革目标。一方面，尽管我国在改革设计中并未明确认罪认罚从宽制度优化审判资源分配的具体程度，从“提升诉讼效率，优化司法资源配置”这一共识性目标出发，美国辩诉交易实践仍不失为一个良好范例。理论界主流研究表明，当前美国超过95%的刑事案件都已通过辩诉交易制度解决，这意味着不足5%的案件才经陪审团正式审判。就此而言，辩诉交易制度有力发挥了促进大量刑事案件快速解决、优化审判资源配置的制度优势。[2] 与之对比，我国当前的认罪认罚从宽制度的适用率，特别是认罪认罚案件中速裁程序的适用率似乎难称理想。另一方面，在上述“橄榄球”型样态中，简易程序颇受青睐的可能解释之一是，部分法官因轻罪案件繁多[3]、速裁程序审限过短而担忧无法如期审结，因此宁愿退而求其次而决定适用简易程序审理。需要指出的是，作为一种审判资源消耗程度最低的程序类型，速裁程序的基本功能在于快速处理被告人认罪的轻罪案件。在此意义上，速裁程序适用实效的低下无益于认罪认罚从宽制度节约司法资源、简案速审等功能的充分发挥，进而可能导致相当可观的审判资源未能按照既定改革蓝图适用于重大复杂案件的“精审”。可以预见的连锁反应是，“以审判为中心”所期待的合理配置审判资源、推动繁案

---

[1] 参见张军：《最高人民检察院关于人民检察院适用认罪认罚从宽制度情况的报告》，载《检察日报》2020年10月17日，第2版。

[2] 参见罗猛：《以认罪协商机制提升司法效率》，载《人民法院报》2016年8月11日，第2版。

[3] 当前，被判处三年有期徒刑以下刑罚的轻罪案件已升至刑事案件总量的83.2%。参见张军：《最高人民检察院关于人民检察院适用认罪认罚从宽制度情况的报告》，载《检察日报》2020年10月17日，第2版，第1页。

庭审实质化的理想图景未能如期而至。对此，有学者认为，“以审判为中心”的实现本就有赖于合理而精准的案件繁简分流程序的设计，遗憾的是，我国目前在庭审实质化与认罪认罚案件的繁简分流处理上遭遇了事实上的严重审判资源分配失衡。[1]

2. 认罪认罚案件中的诉审关系失序

在以审判为中心的诉讼制度改革蓝图中，诉审关系的理想图景之一是，“审判者在三方格局中的地位不仅应当是居于冲突双方中间的、不偏不倚的，而且应当是高于冲突双方的，在诉论程序进程与实体争议解决中居于主导地位”[2]。以上诉审关系的理想模式早已成为普遍共识。因此，尽管认罪认罚从宽制度下控辩双方已由对抗转向合作，基于案件公正处理的基本要求，认罪认罚案件中同样应当贯彻“诉审分离、审判中立”的诉审关系要求。值得注意的是，由于认罪认罚从宽制度的部分措施至少在形式上与以审判为中心的诉讼制度改革相抵牾，因此，实然层面上，认罪认罚案件中的诉审关系呈现出一种相对失衡的状态。具言之，实践中这种诉审关系的失序主要表现为两种类型。

一是诉审关系由分离走向“联合”。有学者的实证研究表明，实践中部分检察机关迫于认罪认罚从宽制度适用率指标的压力，以及欠缺足够的提出精准量刑的经验或能力，通常会选择在提出量刑建议之前就与同级审判机关进行“沟通”。[3] 往往经过沟通获取审判机关的倾向性意见后，检察机关才去履行听取被追诉人意见、组织签署具结书等认罪认罚程序。与此同时，法官迫于“一般应当”采纳量刑建议的要求，同时为了减轻自己的审判负担，也乐于在庭前与

---

[1] 参见胡婧：《刑事普通程序庭审实质化的强化路径》，载《甘肃社会科学》2021年第2期，第168页。

[2] 卞建林、孙锐：《诉审关系论辩——兼论对诉审关系异化的程序性抑制》，载《环球法律评论》2006年第5期，第525页。

[3] 参见左卫民：《量刑建议的实践机制：实证研究与理论反思》，载《当代法学》2020年第4期，第51页。

检察官进行“沟通”，有时甚至会主动联系检察官，以便刑罚裁量时“照单全收”。[1] 基于此，实践中一些法官对检察机关的量刑建议采纳率几乎达到了令人咋舌的百分之百。[2] 上述实践中部分认罪认罚案件法官“提前介入”审查起诉程序的做法，由法官为检察官提出的量刑建议事先“把握”的庭前“沟通”机制，本质上悖离了控审分离的基本原则，甚至变相沦为了“检法联合办案”。[3]

二是诉审关系由相互制约走向“诉审角力”。根据上文所述，部分检察机关逐步成为量刑权的代位行使者，审判机关不再是刑罚处断的直接操作者，而是退居后位的监督者。与之相反，实践中有部分审判机关对这一司法趋势并非欣然接受，而是尽可能独立行使量刑裁量权。进而，认罪认罚案件出现了诉审角力的关系样态。以余金平交通肇事案为例。[4] 犯罪嫌疑人余金平在审查起诉阶段选择认罪认罚，检察机关为此提出了“有期徒刑3年、缓刑4年”的量刑建议。但是，一审法院基于该案社会危害性大，被告人主观恶性大等原因并未采纳检察机关上述量刑建议，在认定被告人有罪的基础上，刑罚方面判处“有期徒刑2年”。一审判决宣告后，检察机关以审判机关在不具备法定理由情形下而未采纳其量刑建议为由提起抗诉，同时，被告人因量刑畸重提起上诉。最终，二审法院驳回了检察机关与被告人的上诉，在撤销一审判决的同时，量刑方面改判为“有期徒刑3年6个月”。除此之外，“诉审角力”还表现为检察机关因“审判机关拒不采纳检察

---

[1] 参见孙长永：《认罪认罚从宽制度实施中的五个矛盾及其化解》，载《政治与法律》2021年第1期，第7页。

[2] 2020年全年，量刑建议被审判机关采纳率接近95%。此外，部分地方的采纳率甚至达到了100%。参见匡雪、王文斌：《量刑建议采纳率100%》，载《检察日报》2019年5月22日，第1版；范跃红、邱哲：《量刑建议采纳率、服判息诉率均为100%》，载《检察日报》2019年7月27日，第2版。

[3] 参见孙长永：《认罪认罚从宽制度实施中的五个矛盾及其化解》，载《政治与法律》2021年第1期，第7页。

[4] 参见北京市第一中级人民法院（2019）京01刑终628号裁判文书。

机关量刑建议”而专门提起抗诉来表达不满。[1]

三、选择进路：二者之间应然逻辑关系之回归

（一）双重维度上的省思：从制度定位到实践问题

以审判为中心的诉讼制度改革与认罪认罚从宽制度之间的应然逻辑关系，要求认罪认罚案件的处理同样应当坚持“以审判为中心”的基本理念。尽管实践中两种制度总体处于相互促进的良性互动关系轨道上，但仍有制度设计与实践运行上的偏差与误区，以至于造成实践中二者未能完全契合预期改革局面。鉴于此，本着“发现问题——分析问题——解决问题”的一般逻辑，笔者认为，应当先行对两种制度改革间存在的关系偏差问题进行溯源式剖析，进而对症下药，提供较为妥当的完善进路。以审判为中心的诉讼制度改革与认罪认罚从宽制度之间产生关系偏差的原因有以下两方面。

其一，未能充分认识到以审判为中心的诉讼制度改革的宏观制度定位。党的十八届四中全会决定中明确将“以审判为中心”作为整个刑事诉讼制度改革的宏伟目标。这表明，以审判为中心的诉讼制度改革已经成为未来刑事诉讼制度改革中立法设计、程序运行与规则设定的“指挥棒”。对此，理论界有学者认为，以审判为中心的诉讼制度改革在我国《刑事诉讼法》中具有诉讼理念、基本原则和诉讼模式的地位，其对刑事诉讼制度改革、刑事诉讼立法和刑事诉讼实践都具有一体遵行的效力。[2] 显然，在此意义上，尽管认罪认罚从宽制度与以审判为中心的诉讼制度改革相伴而生，但二者并非绝

---

[1] 实践中不乏相关案例。例如河南省信阳市中级人民法院（2020）豫15刑终338号判决书、湖北省恩施土家族自治州中级人民法院（2020）鄂28刑终233号判决书、湖南省岳阳市中级人民法院（2021）湘06刑终98号判决书。不再逐一列举。

[2] 参见李建明、许克军：《“以审判为中心”与“认罪认罚从宽”的冲突与协调》，载《江苏社会科学》2021年第1期，第121页。

对意义的等量齐观。事实上，前者在改革设计、运行逻辑上仍应以后者所蕴含的司法公正、正当程序为底线与参照系。一言以蔽之，以审判为中心的诉讼制度改革在我国刑事司法制度体系中具有统率性地位，其意义在于为认罪认罚从宽制度的发展廓清边界，后者的运行与改革不能突破前者构筑的正当程序底线。[1]

其二，实践中认罪认罚从宽制度有过度追求效率价值的倾向。不可否认的是，认罪认罚从宽制度具有鲜明的效率导向性。从客观情境来看，近年来刑事犯罪案件数量急剧增长[2]、司法资源亟须优化配置，要求认罪认罚从宽制度必须具备足够的快速处理案件功能；在理论基础上，以被告人自我处分权、程序选择权为核心的“被告人同意”“被告人自治、自觉”等观点[3]的引入与成熟，为认罪认罚从宽制度追求效率价值提供了有益的理论资源和正当性证成。概言之，认罪认罚从宽制度的效率导向性要求对认罪认罚案件的处理应当遵循“简办、速审”的基本原则，并由此催生出了“确认式庭审”[4]“谦抑型司法裁判权”[5]等诸多以效率为导向的理论命题。例

[1] 参见王迎龙：《协商性刑事司法错误：问题、经验与应对》，载《政法论坛》2020年第5期，第58页。

[2] 以2019年为例。2019年全年检察机关批准逮捕各类犯罪嫌疑人1088490人，提起公诉1818808人，同比分别上升3%、7.4%。参见张军：《最高人民检察院工作报告——2020年5月25日在第十三届全国人民代表大会第三次会议上》，https：//www. spp. gov. cn/zdgz/202005/t20200525_462872. shtml，最后访问时间：2021年1月25日。

[3] 以上观点论述分别参见孔令勇：《被告人认罪认罚自愿性的界定及保障——基于“被告人同意理论”的分析》，载《法商研究》2019年第3期，第63-64页；吴宏耀、徐艺宁：《充分发挥认罪认罚从宽制度的社会治理功能》，载《检察日报》2020年10月22日，第3版。

[4] 有学者认为，以速裁程序为代表的刑事庭审呈现出明显的“确认式”特征，并将其概括为“确认式庭审”。在此种庭审样态下，法院不再进行法庭调查与法庭辩论，甚至不存在所谓的证明责任分配。检察机关也无需传唤本方证人、鉴定人出庭作证，就连快速宣读案卷笔录也显得多余。参见李奋飞：《论“确认式庭审”——以认罪认罚从宽制度的入法为契机》，载《国家检察官学院学报》2020年第3期，第42页。

[5] “谦抑型司法裁判权”核心表现是，除法定情形外，审判机关应当对案件的认罪认罚性质予以接受、高度尊重并采纳认罪认罚案件中以量刑建议等为代表的控辩双方合意。参见丰怡凯：《论谦抑型司法裁判权——以〈刑事诉讼法〉第201条为中心的思考》，载《研究生法学》2020年第4期，第112-114页。

如，在“确认式庭审”图景下，认罪认罚案件的庭审活动呈现出明显的确认化特征，从具体实践来看，各地区适用速裁程序的认罪认罚案件，平均庭审时间不足十分钟。[1] 应当注意到，如此疾讯的庭审节奏，审判机关仅依法进行必不可少的程序环节（核实被告人身份信息、被告人作最后陈述）尚且时间紧张，更遑论必要的实质性审理。[2] 事实上，尽管速裁程序能够最大限度上契合认罪认罚从宽制度快速处理案件的效率价值，但是，基于职权主义诉讼传统，独任法官仍需在注重效率的基础上保证公正审理。在此意义上，以速裁程序为代表的认罪认罚审理程序并非以效率为唯一价值取向。基于此，实践中过度追求认罪认罚从宽制度效率价值的现象，本质上有违以审判为中心的诉讼制度改革的基本意涵，甚至还对正常诉审关系造成冲击，呈现出前文所述的两种极端失序关系样态：一是审判机关提前介入认罪认罚案件审前程序，寻求“诉审联合办案”，使得庭审完全沦为走过场的确认程序；二是因控辩双方关于“罪”“刑”形成的诸多合意未能为审判机关所认可而出现的诉审关系紧张样态。

（二）一种可能的关系修复进路：构建认罪认罚量刑协商和以审判为中心的衔接机制

面对当前以审判为中心的诉讼制度改革与认罪认罚从宽制度间不甚契合的现实困境，理论界已经提出了一些对策，如适当限制认

---

[1] 早在速裁程序的试点时期，有试点地区便探索将适用速裁程序案件的庭审时间压缩至数分钟。参见马云云、周昌：《从开庭到宣判只用五分钟——我省刑事案件速裁程序试点一年，基本当庭宣判》，载《齐鲁晚报》2015 年 8 月 29 日。此外，近期的司法实践同样能够表明，适用速裁程序的认罪认罚案件平均庭审时间只有短短数分钟，相关报道屡见不鲜。例如，参见《30 分钟审结 5 起速裁程序案件》，https：//mp. weixin. qq. com/s/ -5OYhrimxQYATvpO7H4dfw，最后访问时间：2021 年 7 月 11 日。

[2] 有学者指出，认罪认罚案件情形下，审判机关的“定罪量刑裁判”大多表现为流于形式，并不具有庭审实质化特征。参见陈瑞华：《刑事诉讼的公力合作模式——量刑协商制度在中国的兴起》，载《法学论坛》2019 年第 4 期，第 10 页。

罪认罚从宽制度的适用范围[1]、完善刑事普通程序庭审实质化的强化路径[2]，以及在已有改革基础上，积极吸收域外有益经验，继续推进以庭审实质化为代表的公正审判程序改革[3]等。诚然，以上理论方案都具有一定的可行性与成效性。不过，本文旨在提出另一种可供选择的，有助于修复以审判为中心的诉讼制度改革与认罪认罚从宽制度间偏差关系的理论进路，即“构建认罪认罚量刑协商和以审判为中心的衔接机制”。这一理论进路的基本原理是：在承认认罪认罚案件应当坚持以审判为中心理念的前提下，一方面，通过完善认罪认罚控辩量刑协商机制，保障协商程序公正性、正当性的同时，推动认罪认罚从宽审前协商服务于审判程序、面向审判程序的要求；另一方面，通过强化量刑建议、量刑裁判说理机制，使审前控辩协商成果参与实质性的审判程序、经受实质性的庭审裁决。一言以蔽之，该理论方案旨在从认罪认罚案件审前、审判环节出发，纠正以审判为中心的诉讼制度改革与认罪认罚从宽制度间存在的关系偏差，推动两者“相辅相成、相互依存”。在具体施行上，可以考虑从以下维度进行着力。

其一，加快构建权利导向型的量刑协商机制。当前，在认罪认罚从宽制度语境下，控辩双方之间的量刑协商更多体现为一种“职权性逻辑”，而非“协商性逻辑”。[4] 更令人堪忧的是，被追诉人在

---

[1] 参见孙长永：《认罪认罚从宽制度实施中的五个矛盾及其化解》，载《政治与法律》2021年第1期，第10页。

[2] 参见胡婧：《刑事普通程序庭审实质化的强化路径》，载《甘肃社会科学》2021年第2期，第171页。

[3] 以上改革主张参见陈光中：《司法改革与刑事诉讼法修改》，中国政法大学出版社2019年版，第179页；参见王迎龙：《协商性刑事司法错误：问题、经验与应对》，载《政法论坛》2020年第5期，第61页。

[4] 这种“职权性逻辑”具有“检察机关独享认罪认罚从宽制度的启动权”“被追诉方负有先行认罪、悔罪的义务”“认罪认罚具结书的检察主导性与行政性”“量刑建议主要是由检察机关以职权决定”等几方面特征。参见杜磊：《认罪认罚从宽制度适用的职权性逻辑与协商性逻辑》，载《中国法学》2020年第4期，第223－225页。

认罪认罚过程中尚无法获得实质性的法律帮助。[1] 因此，受控辩双方之间“权力—权利”结构失衡的影响，不排除检察机关罔顾自身义务，迁就侦查环节认罪认罚自愿性问题；甚至直接对被追诉人施加暴力、威胁等手段产生不当影响，在定罪标准不足、事实基础欠缺的情形下强行促成被追诉人认罪认罚。[2] 对此，在未来的改革中，就认罪认罚从宽制度而言，应当坚持遵循权利导向改革逻辑，加快建立实质性的量刑协商机制，强化检察机关诉讼关照义务，并切实保障量刑协商过程中被追诉人的知情权、获得律师帮助权等应有权利，尊重被追诉人量刑协商的意愿，增强被追诉人量刑协商的能力。加快构建权利导向型的量刑协商机制，能够有助于确保控辩之间的量刑协商符合正当程序要求，进而做到公正优先，兼顾效率。

其二，完善控方量刑建议说理机制与审判机关量刑裁判说理机制。认罪认罚案件中的量刑建议，从内容上看，是认罚的载体、体现从宽的关键；[3] 在功能上，则“犹如一条贯穿认罪认罚制度的红线，一端衔接着犯罪嫌疑人的认罪认罚具结书，另一端则关系着人民法院的判决”[4]。值得注意的是，针对量刑建议这一重要问题，现有法律规范并未明确形塑控方量刑建议说理机制与审判机关裁判说理机制。尽管实践中的高量刑建议采纳率、低被告人上诉率[5]掩盖了构建上述说理机制的紧迫性，但是，当我们跳出数字图景，便可以发现现有量刑建议运行机制存在的隐忧：在提出机制上，程序上欠

---

[1] 目前实践中确实存在犯罪嫌疑人、被告人适用认罪认罚从宽制度时权利保障不足的情况，如无法获得切实有效的律师帮助。参见汪海燕：《三重悖离：认罪认罚从宽程序中值班律师制度的困境》，载《法学杂志》2019年第12期，第14页。

[2] 参见李奋飞：《以审查起诉为重心：认罪认罚案件的程序格局》，载《环球法律评论》2020年第4期，第31页。

[3] 参见陈国庆：《量刑建议的若干问题》，载《中国刑事法杂志》2019年第5期，第4页。

[4] 吴宏耀：《凝聚控辩审共识 优化量刑建议质量》，载《检察日报》2019年6月10日，第3版。

[5] 实践中被告人上诉率不足4%。参见张军：《最高人民检察院关于人民检察院适用认罪认罚从宽制度情况的报告》，载《检察日报》2020年10月17日，第2版，第1页。

缺实质性量刑协商机制、实体上关于常见犯罪的量刑指导意见尚不够精细，量刑建议不当现象客观存在；❶ 在裁判机制上，虽然现有“一般应当采纳”这一刚性立法设计保证了量刑建议采纳率，但同时也导致实践中法官的裁判结果与自由心证得出的结论普遍存在差异。❷

鉴于此，为从制度层面克服上述隐忧，一方面，应当构建控方量刑建议说理机制。检察机关应当以最高人民法院、最高人民检察院印发的《关于常见犯罪的量刑指导意见（试行）》为基础，提出规范的量刑建议，并充分说明理由和依据，❸ 确保检察机关所提出的量刑建议具备全面、充分的量刑信息，凝聚控辩双方的合意与共识，并且在客观性、准确性上能够为法院量刑裁判提供坚实基础。另一方面，还应构建审判机关量刑裁判说理机制。此时，法官的职责不是根据量刑规则亲自计算精准的量刑结果，而是监督控辩双方的量刑协商结果不违背量刑规则，因此，裁判过程中，法官应当将量刑建议与量刑裁判充分融贯，并就采纳或不采纳量刑建议进行详细的释法说理。此外，对于决定不予采纳量刑建议的，法官不仅应当依据相关案件事实与证据进行充分的说理论证，还需要加强与人民检察院的沟通协调，在努力形成共识的同时，还应保障被告人同样能够“知其然与知其所以然”，强化最终量刑结果的公正性与公信力。

四、结语

贯彻落实认罪认罚从宽制度，深入推进以审判为中心的诉讼制

❶ 参见李雪松：《从经验事实到规范研判：速裁上诉何去何从？》，载《国家检察官学院学报》2021年第2期，第130页。

❷ 参见熊秋红：《认罪认罚从宽制度中的量刑建议》，载《中外法学》2020年第5期，第183页。

❸ 参见陈学勇：《尊重认罪认罚量刑协商 坚持以审判为中心》，载《人民法院报》2021年7月29日，第2版。

度改革，在推动两者“相辅相成、互相依存”的基础上构建起具有中国特色的刑事司法制度，已经成为改革决策者追求的重要目标。但是，就当前的进程来看，效果不容乐观，亟待寻求有效方案妥善解决现有问题。首先，以审判为中心的诉讼制度的改革应当继续强力推进，并在庭审实质化、保障公正审判、强化审判独立等层面持续施力，将已有改革成果及时升华为法律，以基本法的形式加以巩固；其次，认罪认罚从宽制度应当避免与以审判为中心的诉讼制度改革产生冲突，应当坚持“以审判为中心”的基本理念，突出其轻罪治理功能，构建多元化的刑事诉讼体系；最后，认罪认罚案件的审理应当尽量避免形式化，在加快构建控方量刑建议说理机制与审判机关量刑裁判说理机制的同时，对于关键性事实的查明与核心性证据的审查适用均需要严格贯彻证据裁判原则。

On the Deviation and Return of the Reform of Litigation System Centered on Judgment in Implementing the System of Lenient Punishment for the Admission of Guilt and Acceptance of Punishment

Feng Yikai

Abstract: The system of lenient punishment for the admission of guilt and acceptance of punishment and the reform of litigation system centered on judgment have jointly constituted the mainpicture of our country criminal litigation system reform. Tracing the source from the reform and theoretical level, we can find that the system of lenient punishment for the admission of guilt and acceptance of punishment and the reform of litigation system centered on judgment present an expected relationship of "interdependence and complementarity", and other models of "mutual contradictions" "mutual exclusion" and "cooperation" are not accurate. With the continuous deepening of the reform process, the relationship between the two situations has not fully developed in accordance with the expected ideal relationship. The deviation of the relationship is mainly manifested as "the system design fails to form a sufficient reform force" and "the trial in the context of practice resource distribution imbalance and disorder relationship between litigation and trial". In order to ensure the long-lasting and effective reform of the system of plea guilty and punishing leniency and the trial-centered litigation system, the deviating relationship between the two should be repaired in time, and the logical relationship of benign interaction and mutual promotion should be reshaped.

Key words: the system of lenient punishment for the admission of guilt and acceptance of punishment, the reform of litigation system centered on judgment, relationship style, repair approach

美国空中权民事法律问题研究综述

薛玉飞[*]

内容摘要：在美国，空中权是利用地表之上一定空间的权利，其制度形成是空中利用权与空域权利发展相结合的产物。空中空间利用问题的核心在于确定地表附属空间、该地表之上一定范围空间及公共空间（低空空域）的权利归属，其中，最关键的是确定空间竖向界限，以明晰空间权利边界。在解决空域权与空中权的权利冲突纠纷方面，美国司法裁判主要依据“固定高度”的空域产权理论。在理论上，美国学者的研究侧重空中权利归属、效力与保护等问题，大致概括为两方面：一是“财产权单一性”理论，包括分区理论、可有效占有理论、飞行役权理论等代表性观点；二是新兴“财产权二元论”观点。我国《民法典》物权编规定了建设用地使用权分层设立制度，但空中权理论没有突破地表权利的限制，美国空中权民事法律制度的研究成果，将有益于我国在空间视角下续造建设用地使用权空间权规则。

* 作者简介：薛玉飞，辽宁大学法学院博士研究生，研究方向：民商法学。

关键词： 空中权 空域权 空间边界 分区理论 财产权二元化理论

引言

按照土地空间分层的划分，空间权包括地中权与空中权，其中与空中权具有密切联系的权利是空域权。在财产权尤其是空域权与空间权范围界限关系上，域外理论研究几经转变。比如，近代社会财产法学说的经典理论主张，私有权的范围“上至外空，下至地心”，这种所有权空间绝对性理论在20世纪之前的普通法系国家被认为是不可动摇的公理。20世纪以来，航天工业的发展使美国财产法学界彻底否定了私有财产空间的理论，空域权开始限缩空间权。关于空域权和空间权的二者关系，国内航空法学界学者比较关注空域权，而民法学界学者更为关注空间权，鲜有学者对空域权与空间权二者之间的关系进行比较分析。[1] 虽然《民法典》物权编已对建设用地使用权的分层设立作了原则性规定，但具体的空间客体规则缺失。学界对空域权利的研究尚未充分展开；在研究视角上，有关空间权的研究限于物权法范畴，无法对空域权利制度的构建提供全方位的理论支撑。基于我国相关研究对空中权与空域权之间关系的关注度不足，鲜有对空间权利边界、空中权权利归属、效力等问题的探讨，本文通过梳理美国空中权民事法律问题的既有研究成果，期待对改善我国空域权与空间权制度调和有所裨益。

---

[1] 参见王立志：《论空域权：以与空间权的比较为核心》，载《法律科学》2017年第4期，第124-132页。

一、美国空中权制度的演变

（一）空中权概念的生成

通说认为，“空中权”概念源于英语“Air right”，有时表述为“Air space right”，即“空中空间权”，有时也简称为“空间权”。根据罗马法谚语，土地所有权人可以支配土地的上下方空间，包括对空中的所有。习惯法国家也早就有与此相同的法律格言，并有一系列判例。1587 年的伯里诉波普案判决（Bury v. Pope）指出：“土地所有人所有全部上空”。这是空中所有权概念第一次出现在英国普通法上。1870 年的科比特诉希尔案判决（Corbett v. Hill）重申：“土地所有人，与其土地一样，所有土地的上部空间。”该英国普通法原则后被美国所继受。1906 年纽约高等法院（Court of Appeals）作出了“土地的上部空间是与土地相同的不动产”的判决；在巴特勒诉前沿电话公司案（Butler v. Frontier telephone Co.）中认为土地与其上部空间不可分，土地所有人也是上部空间的所有人，具有作为土地之一部分而垄断支配上部空间的权利。[1]

在上述所有权法理的基础上，许多国家和地区适应社会发展的需要，创设了区分地上权制度，即将土地水平切分成若干空间，分层式地为他人所使用，而他人使用处于地表上方的、独立于地表之空间的权利属于空中权范畴。美国学者理查德·罗德（Richard M Rhodes）认为，在将地表之上一定范围的特定空间称为“空中权”，地表之下一定范围的特定空间称为“地中权”之后，将“空间权”限定为以空中或地下特定的“断层”为客体而设立的权利。[2] 此外，

---

[1] 参见［日］建设省空中权调查研究会：《空中权——理论与运用》，行政出版社 1985 年版，第 30 - 31 页。

[2] See Richard M Rhodes, “Air Rights, Subsurface Easements, and Other Fractional Interests”, 4 The Appraisal Journal (1974), pp. 261 - 272.

在美国，空中权是以“土地所有人可以同时拥有该土地之空中与地下之权利”的法律原则为基础的。美国在《法律用语集》（不动产鉴定人协会出版）中，对空中权进行阐述：“确定一块区域内空间的上、下范围，在该确定范围的空间上，权利人拥有综合性的、妨害排除请求权，并具有支配、使用的权利。该权利可以建立在他人所有的土地上或建筑物上；权利人也可以保有现有相邻建筑物用地，或构造物预期的日照、通风为目的，而取得空中权。”[1]

“空中权”概念发端于19世纪末20世纪初的美国。在美国建国初期，美国的大城市只发展了海洋贸易和通商功能。19世纪20年代后，美国经济迅速发展，人口增加，城市膨胀。城市在美国成为公共目的领域，城市土地逐步被区划和分类，进而诞生了（现代）城市规划。[2] 在城市规划的发展过程中，城市空间的立体开发也得到了发展。除“纽约火车站诉讼案”等铁路建设空中利用的案例外，以道路、学校、美术馆等不动产地上空间租赁给开发商的实例逐渐增多。

与开发实践相呼应，1927年伊利诺伊州出台了美国最早的有关铁路上空转让与租赁相关的州立法。1938年新泽西州也出台了相关的法律。1973年俄克拉荷马州制定了《俄克拉荷马州空中空间法》（Oklahoma Air Space Act，简称《俄州空间法》）。《俄州空间法》对空中空间的定义、空中空间的权利与权力、空中空间的区分、空中空间的共同开发利用规划等进行了规范。《俄州空间法》第802－816条规定：空中空间是指自地表扩至上方的空间；空中空间是不动产，在被分离转让前，其是下方地表权人的财产；行政机关或私人为落实其权力、权利或义务，可以水平加垂直地，或者以一切几何形状区划空中空间；州及其行政机关、港湾与高速公路管理委员会

---

[1] 官本仁：《美国空间权制度》，载《法与思考》2005年第8期，第6页。

[2] See Jon A. Perterson, The Birth of City Planning in the United States 1840－1917, The Johns Hopkins University Press, 2003, Preface.

等可以与私人等协商共同开发和综合利用空中空间。

“空中权”最早的司法案例是20世纪60~70年代的纽约火车站诉讼案（Penn Central Transp. Co. v. New York City）。中央火车站是纽约市的地标。空中空间利用成为本案的焦点，本案的关键问题是历史建筑保存与空中空间利用之间的协调。本案也引出美国“空中权”最早的表述。[1] 联邦最高法院判决认为，《地标保护法》对关于历史建筑的规定虽然对权利人的权利有所限制，但是权利人可以通过容积率转移型空中空间利用获得经济价值，因此，这种限制不构成宪法上的征用行为。[2]

早在20世纪初，基于各州面临相同的城市空间利用问题，联邦政府（商务部）先后出台了两个示范法，即《标准州区划授权法》（Standard State Zoning Enabling Act，1924）和《标准市规划授权法》（Standard City Planning Enabling Act，1928），鼓励州和地方政府实现城市空间规划的法制化。受此影响，各州和地方政府逐渐制定了由规划法、区划法、建筑法、住宅法等构成的城市规划法体系。事实上，在示范法之前，纽约州就于1916年制定了美国第一部区划条例。根据该条例第12~10条的规定，历史建筑上空的剩余容积率可以转移至同一所有权人的邻接地块上。1968年《纽约市区划条例》修改第74~79条之后，尤其随着“纽约火车站诉讼案”后，容积率转移条件被进一步放宽。此外，《旧金山市规划条例》《芝加哥市区划条例》等也规定了容积率转移制度。当然，引人注目的还是采用专门空间立法形式的1973年实施的《俄州空间法》。

除像《俄州空间法》这样数量很少的专门法外，美国空中空间利用的主要法律规范体现为《城市规划法》（或称为“区划法”）和《建筑标准法》。在判例的法源地位越来越坚挺的潮流中，空中空间

---

[1] 参见［日］建设省空中权调查研究会：《空中权——理论与运用》，行政出版社1985年版，第47、129、132页。

[2] See Penn Central Transp. Co. v. New York City, 98 S. Ct. 2646 (1978), p. 9.

利用的判例不仅能指导相关裁判，也发挥了引导相关空间利用的行政管理作用，并促进了相关制定法的完善。

（二）空中权在城市规划法中的具体类型

随着实践积累的丰富，空中空间利用制度在英美国家和地区的法律中得到了确立。在城市规划实践和法制的发展过程中，英美等国产生了土地开发权（Land Development Right，LDR）概念。它是土地所有权人或土地使用权人改变土地现有用途或者提高土地利用强度的权利，属于土地再发展的权利。围绕该权利的归属，英美两国形成差异。英国通过1947年《城乡规划法》实行土地开发权国有化，要求任何土地开发必须符合规划许可，开发前必须缴纳土地开发税。与之不同，美国实行土地开发权私有制。为解决土地用途管制给土地私权造成的不利后果，美国发展出（国家）购买土地开发权（Purchased Development Right，PDR）制度、可转移土地开发权（Transferable Development Right，TDR）制度。

如前所述，美国很早就关注空中空间，所以在规定土地开发权时，也发展了空中空间开发权、可转移空中空间开发权。从发展沿革来看，空中空间开发权、可转移空中空间开发权是空中权、土地开发权的延伸，是土地开发权与空中权、城市规划相结合的产物。空中空间利用调整的范围适用于地表的利用权人和该地表之上空空间的利用权人不是同一人的情形。❶ 城市规划法上的空中空间利用基本上分为三种形态：第一，人工地基型。即指在他人土地、建筑物的上方构筑一个人工地基后，在该人工地基之上再构筑建筑物。第二，容积率转移型。容积率是指建筑物地面以上各层建筑面积的总和与建筑基地面积的比值。容积率转移，顾名思义就是某地块的部分容积率转移给另一地块，使另一地块的容积率得到增加。第三，

❶ 参见肖军：《论城市规划法上的空中空间利用制度》，载《法学家》2015年第5期，第72-83页。

容积率奖励型。土地开发者在开发土地时，如果能为公众提供便利而让出部分空间开发利益，政府将会作为奖励，许可开发商提高该土地一定的容积率上限。

上述三种空中空间利用形态中，人工地基型和容积率奖励型的法律关系更为简单，适用的前提条件较少，有关的法律规范也较少。容积率转移型的法律关系较为复杂，适用时要满足诸多条件，有关的法律规范也严格。在城市规划法的容积率制度方面，容积率转移型是一种特例，故在制度安排上需要更加细致、周全。

二、美国空中权归属的主要争议

在美国，个人财产之上的空间是否归属于私权主体，大致有四种观点：

第一，绝对权说。即土地及建筑物所有权人享有不动产之上无限空间的所有权。

第二，无权利说。与绝对权说相反，该说否认个人对空间的权利。有学者指出，“有土地者有天空”的法谚并不是指所有的空间属于土地所有人，个人空间权利限于地表、建筑物、天然植物或人工种植物的高度，而不是无限的。[1]

第三，相对权说。即在一个法定固定高度水平面下的空间内土地所有人拥有所有权，该高度平面以上的空间为空域。相对权说代表性观点是空间的“分区”理论。[2]

第四，有限权利说。即认为个人的空间权利是无限的，除非建

---

[1] See Fred D. Fagg. Jr, “Airspace Ownership and The Right of Flight”, 2Rev. Jur. U. P. R. (Revista Juridical de la, Universidad de Puerto Rico) (1932), pp. 104 – 119.

[2] See Colin Cahoon, “Low Altitude Airspace: A Property Rights No – Man’s Land”, 56 J. Air L. & Com (1990), pp. 157 – 165.

筑物上负有地役权负担,❶ 如公共地役权制度规定，私人空间权利不得影响航空器飞行。在 Swet land V. Curtiss Airports Corparation 一案中，汉恩（Hahn）法官指出，地表之上被航空器正常使用的空间存在财产权的判例并不存在。❷

综上，由于相对权说、有限权利说两种观点均属折中观点，本质上，美国空中所有权观点存在三种学说：个人有空间权、个人无空间权和折中观点。

三、美国空中权效力的理论纷争

（一）“财产权单一性”理论

通说认为，美国财产法支持财产权的单一性观点，认为财产权利在该财产范围之内不存在区别。财产权理论起点可追溯到绝对财产权的观念，威廉·布莱克斯通（William Blackstone）是其代表人物。❸ 在20世纪早期，法律现实主义者开始抨击上述观念，提出多元财产理论：财产是对其他个人而非事物行使的一系列“权利束”，“财产”是一个空洞的、没有实际用处的形式主义概念。❹ 托马斯·梅里尔（Thomas Merrill）和亨利·史密斯（Henry Smith）主张“本质主义理论”，认为财产的本质就是事物，就它而言，所有人拥有某

---

❶ See John Cobb Cooper, “Roman Law and the Maxim Cujus Est Solum in International Air Law”, McGill LAW JURNAL, Vol. 1 (1952), pp. 23 – 65.

❷ See Swetland V. Curtiss Airports Corparation, 41 F. 2Ed (1930), pp. 929 – 936.

❸ See Carol M. Rose, “Canons of Property Talk, or, Blackstone's Anxiety”, *108 YALE L. J.* p. 601 (“自黑石时代以来，他对财产的定义“专属统治”被一再引用”).

❹ See Daniel B. Klein & John Robinson, “Property: A Bundle of Rights?”, 8 ECON. J. WATCH (2011), pp. 193 – 195. (他解释说，尽管“权利束”的财产权观点在今天广为流传，但这个术语却是在19世纪后期“民主和集体主义扩张的时代”出现的，并在此之后得到了扩展。)

些权利——最突出的是排他权——以对抗整个世界。[1] “多元理论”突出否认所有权人排他权的财产法学说，强调土地所有权人有义务通过允许他人进入或遵守他们的命令、尊重土地用途的规定来容纳他人。[2] “财产权单一性”在很大程度上归功于这些理论的关键洞察力——本质主义和多元主义。

其中，本质主义和多元主义的辩论主要围绕着哪一种学说构成财产法的核心展开。双方同意存在不同效力的财产和财产权利（就排他权的保护程度而言），但对哪种类型的财产普遍存在争议。此外，这两种观点都不关注从财产边界到指定地点的距离（相对于边界本身的影响）对所有权人排他权的影响。从这个意义上说，两大学派一致认可“财产权单一性”。简而言之，财产法思维通常假定，对所有权人提供的保护在其拥有财产的强度上没有变化。财产权的法律效力可以在不同的财产之间有所不同，但在特定的财产内则不然。

现有财产权理论坚持“财产权单一性”。虽然他们可能认识到适用于土地的不同权利的独特性质，例如“排他”与“支配”性，但他们坚持在特定土地上权利的不变性质。这一立场在理论上具有很大的共鸣和吸引力。但实际上这是不现实的，财产权理论上的单一性在实践中很少能够得以实现，财产法采用了一种以权利核心与权力边界二元化的立场，以财产权单一性处理财产界限问题。[3]

（二）“财产权二元化”观点

针对无人机广泛应用所引发的社会问题，美国部分州相继制定

---

[1] See Smith, “Property as the Law of Things”, 125 HARV. L. REV (2012), p. 1699, 1704, 1710, 1725; Thomas W. Merrill, “Property and the Right to Exclude”, 77 NEB. L. REV (1998), pp. 730 -731.

[2] See Gregory S. Alexander, “The Social - Obligation Norm in American Property Law”, 94 COR NELL L. REV. (SPECIAL ISSUE) (2009), p. 745, pp. 748 - 749.

[3] 参见高飞：《也谈物权法平等保护财产权的宪法依据》，载《法学》2006 年第 10 期，第 128 -138 页。

了一些延续载人航空时代划设固定高度分层做法的法规。然而，这些法规不可能从根本上为空域权对空间权不断限缩提供合理性依据。由此，美国财产法研究提出了新兴财产权二元论的观点，为这一问题的解决给出新的思考方向。波士顿大学法学院 Dana D. A. 的财产权二元化观点是：从财产法的角度观察所有权制度，所有权本质并非分割开来的无数个互不相关的独立体，而是一个连续的统一整体。[1] 每一财产权从权利主体的保护欲望最强的核心向外延伸至保护欲望最弱的权力边界，所有权的边界在这个整体中扮演的角色是一个较小的所有权范围到更为广泛且连续的所有权上的“拐点”，亦可称之为“边缘”。所有权的排他性在这一过程中不断弱化，直到消弭于所有权的“边缘”，进入另一种权利的范围之内。

基于这种权利二元化的观点，我们有理由相信，所有权主体对所有权边缘区域的权利主张不会非常强烈，而国家对空域边缘权利主张也同样欠缺兴趣。这种否定以往所有权边界范围内权利单一化，转而以所有权“边缘”权利二元化的理论，能够有效地应用在无人机低空航路构建规则之中；同时，该理论对空域权限缩空间权的本质做出回答，即权利与权力的关系与边界问题。基于该理论，我们可以抛开对不计其数的地面所有权界限高度范围的传统空间权调整路径，未来可以构建无人机低空高度的法律规则。

四、美国空中权客体的界定：与空域权客体的纵向界分

（一）空域权的客体

第一个关于空域产权理论的书面记录，来自罗马法的格言“cu-

---

[1] See David A. Dana, “Property's Edges”, 60 (3) Boston College Law Review (2019), pp. 754－822.

jus est solum, ejus est usque ad coelum”（“上达天宇、下及地心”）。[1] 这一准则在后世的英国普通法中得到了应用，并得到爱德华·科克爵士（Sir Edward Coke）的大力推崇。[2] 布莱克斯通勋爵（Lord Blackstone）也对这一准则表示支持，该准则最终在英国法院被接受为主要的普通法空域财产规则。直到20世纪初，美国法院空域产权裁决仍旧没有受到理论的质疑。[3] 随着二战的军事建设和民用航空在世界各地的普及，美国法院系统面临着大量的侵犯领空和妨害案件。一场关于空域产权的大辩论席卷了美国法律界，空域权的客体问题随之产生。[4]

在立法层面，美国针对“有土地者有天空与地下”这一法谚所涉空域问题有过两次完全不同的立法活动。美国律师协会曾组织起草过两次《统一各州航空法》，其中第一次起草的《统一各州航空法》采纳了有限制的空间权说。而修订后的《统一各州航空法》在其第1条采纳了“分区”理论。在1938年《民用航空法》基础上修订的美国1958年《联邦航空法》第104条明确规定了美国公民在美国可航空域内的自由飞行权利，而其第101条对可航空域的定义为：“根据本法制定的条例所规定的飞行最低高度以上的空域，包括为保证航空器起落安全所需的空域在内。”

---

[1] See Lardone, “Airspace Rights in Roman Law”, 2 AIR L. REV (1931), P. 455.

[2] For a summary of the history of airspace as property under English Common Law, see R. WRIGHT, THE LAW OF AIRSPACE (1968), pp. 11 – 30 .

[3] See Portsmouth Harbor Land & Hotel Co. v. United States, 260 U. S. 327 (1922) (holding that every firing of artillery projectiles over claimant's land constituted a trespass).

[4] See, e. g. , Ball, “The Vertical Extent of Ownership in Land”, 76 U. PA. L. REV (1928), p. 631; Bouve, “Private Ownership of Airspace”, 1 AIR L. REV (1930), P. 232; Fagg, “Airspace Ownership and the Right of Flight”, 3J. AIR L. & COM (1932), p. 400; Kingsley, “The Correlative Interests of the Landowner and the Airman”, 3J. AIR L. & CoM (1932), p. 375 .

（二）空中权的客体界分的不同司法路径

1. 征收路径：联邦政府诉考斯比案（United States V. Causby）

在联邦政府诉考斯比案中，最高法院的判决对如何定义空域财产存在着截然相反的观点。道格拉斯大法官认为，首先，“上天入地”理论和何曼“无所有权”理论都应被排除在空域产权辩论之外。[1] 其次，应该考虑是否发生了空间被征用的可能。此外，最高法院肯定了空域是“财产”的结论，确认了考斯比夫妇应该就被征用财产的地役权得到赔偿，要求其初审法院确定空域利用的地役权性质。

在考斯比案裁决时，通航空域被定义为“民用航空局规定的最低安全飞行高度以上的空域”。然而，这并没有结束法院对“固定高度”理论（以下简称“定高”）的研究。虽然，法院对案件的实际审理仍有争议，但考斯比案件裁判的目的是确定的，即争取必须给予土地所有人的最低限度权利。一方面，土地所有者在使用和享受的土地方面不得受到干扰；另一方面，土地所有人拥有对所有能够拥有的未被占领领空行使所有权的最高权利。一旦发生对该空气空间的任何持续和不利使用，均构成对财产权益的可赔性征收。

2. “定高”论断的臆测：布兰尼夫航空公司案（Braniff Airways）

在考斯比案判决的十年后，最高法院面临着一连串“国家征税权”案件，而这些案件恰巧涉及航空行为。典型案例是布兰尼夫航空公司诉内布拉斯加州平等委员会案。该案提出了内布拉斯加州有权对州际公司征税的问题。尽管本案的事实和裁决与空域产权没有

---

[1] See Colin Cahoon, “Low Altitude Airspace: A Property Rights No – Man's Land”, 56 J. Air L. & Com (1990), p. 157.

直接关系，但评论者认为，“考斯比裁决”确实已经废除“固定高度”原则。

特别有趣的是，里德大法官强烈声明：“管制航空商业的联邦法案是以国会的商业权力为基础的，而有别于主权国家对可航行空域的所有权。”布兰尼夫航空公司案件的裁判法院认为，在考斯比裁决中“因国家使用可航行空域导致土地财产的全部或部分用途被破坏，土地所有人可以获得赔偿”，指出这种理论的基础是管理空中贸易的联邦法令界定了国家对可航行空域的所有权，否定了“固定高度”理论的适用。对此，布兰尼夫案件裁判法院认为，这类联邦法令只是规范商业行为，并非界定联邦政府的空间财产利益。遗憾的是，最高法院并未正视空中权问题。这也许解释了法院尽管在“布兰尼夫航空公司案”中采用“固定高度”理论，但国会却以其对航空商业的监管为由抢占空域财产领域。

3. “空中权”保护面向：格里格斯诉阿勒格尼案（Griggsv. County of Allegheny）

“格里格斯诉阿勒格尼案”和“考斯比案”的案件事实非常相似，但有两个显著差异。首先，该案的被告是县级政府而非美国政府。这是在美国最高法院造成争论的主要问题。在下级法院裁定阿勒格尼县对原告土地的地役权负有责任后，判决却被宾夕法尼亚州法院推翻，理由是该案属于宪法意义上的征用，该县不承担责任。但是，美国最高法院不同意这一观点，撤销了上述判决，认为该县应该承担责任。其次，涉及法院对“固定高度”理论的理解和阐释。在诉讼期间，“通航空域”定义被修正为“确保飞机起飞和降落安全所需的空域”。判决认为，如果“固定高度”理论符合其逻辑结论，飞越格里格斯家上空的飞机是在可航行的空域内，本案中的空间就不可能发生征用。

“格里格斯诉阿勒格尼案”判决后，美国《侵权重述（第二次）》采用了这种远离“固定高度”理论而倾向于“考斯比裁决”

的做法。如，第一次重述的第194节即“飞行特权”的最初理论基础在重述中完全被省略；所有对空气空间的考虑都合并到第二次重述第159节，该部分指出：“航空器在另一方领空上空飞行属于侵犯，但仅在以下情况下，(a) 进入土地附近空域的直接范围，(b) 实质上干扰他人使用和享受其土地利益。”尽管有人敦促应该参考《侵权重述（第二次）》包括联邦法规确定的最低安全高度做具体规范，但并未影响法院采纳上述观点做出裁判。

美国《侵权重述（第二次）》是一个结束有关空域所有权争论历史的切入点。由于它符合最高法院的要求，因而许多法院的相关案件遵循最高法院的裁判思路。当然，目前空域财产的“考斯比裁决”规则被普遍接受，而关于“固定高度”理论的争议却从未停止。

4. “定高”理论的重现：亚伦诉联邦政府案（Aaron v. United States）

“亚伦诉联邦政府案”真正检验了空域产权的性质。该案涉及两起案件的组合。两起案件中，原告都在寻求被告赔偿各自财产的航空地役权的损失。部分原告诉请对象涉及飞越500英尺“最低安全高度”以下的上空，而其余的原告诉请对象涉及飞越500英尺水平以上的上空。原告主张的损害类型基本相同，只不过部分原告拥有的财产比其他原告更接近飞行高度。法院对亚伦案作出裁定，只有那些诉请飞机在500英尺以下飞越侵权的原告才具备适当的诉讼理由，有权获得赔偿；驳回了其余原告的诉请。判决可能造成的结果是，原告主张被告飞机在500英尺以上低空飞行，并对其养鸡业造成重大损害的，却没有得到赔偿，而住得离机场稍近的居民，虽然损害轻微，却有权获得实际损害赔偿。[1]

[1] See Aaron v. United States, 340 F. 2d (Ct. Cl. 1964), p. 655. On remand, the court found that parcels belonging to nine of the plaintiffs had lost half their market value due to the aviga-tion easement over the land.

“亚伦诉联邦政府案”判决没有提及“考斯比裁决”，引用了“格里格斯诉阿勒格尼案”的裁判主张，即机场的经营者有责任对飞机交通所必需财产的航行地役权实行征用。但该案没有提及关于飞越领空可能导致“征用”的观点。相反，该案迅速发展为对传统的“固定高度”理论的描述。亚伦案件的法庭援引了最高法院关于第五修正案规定的财产权基本原则的两项裁决，但没有解释它们与当前问题的关系。这两起案件都比“考斯比裁决”早了二十多年，都没有提及“航行地役权”，也没有涉及“可航行空域”和“固定高度”理论。❶ 此外，在亚伦案判决两年之前，一联邦地区法院裁定，当六架直升机飞行低于800 英尺时应给予土地权利人损害赔偿。❷

在事实模式方面，随着强大喷气发动机的出现，在空间中任意划线来界定土地所有者获得救济的权利成为真正值得关注的问题。❸根据美国最近多个法院的判决，亚伦案规则已经上升为法律。然而，亚伦案规则并没有得到普遍的遵循，尤其是在州法院。如一些联邦法院将土地所有者的权利限制在500 英尺的上限，规定当飞机飞越可航行空域时，适用不侵权的推定。❹ 1981 年，美国某法院否定性判决严格依赖“固定高度”理论和500 英尺水平的可航行空域标准。❺ 当然，这一推定可以通过证明土地所有者的财产已被破坏或受到严重损害来推翻。从趋势上看，“固定高度”理论可能被飞越损害

---

❶ See Campbell v. United States, 266 U. S (1924), p. 368. (predating Causby by 31 years); Richards v. Washington Terminal Co., 233 U. S (1914), p. 546 (predating Causby by 21 years).

❷ See Weisberg v. United States, 193 F. Supp (D. Md. 1961), p. 815. The helicopter flights at 800 feet were not frequent enough to constitute a taking. Damages were awarded, nonetheless, upon a finding of negligence.

❸ See Kettelson, supra note 11, at 97. “It was not until jets began appearing on the scene in the 1950's that renewed interest in the [avigation easement] problem developed rather extensively.”

❹ See Stephens v. United States, Ⅱ Cl. Ct (1986), pp. 352 – 362.

❺ See Branning v. United States, 654 F. 2d (Ct. Cl. 1981), p. 88, af'd, 784 F. 2d (Fed. Cir. 1986), p. 361.

的事实所否定。

5. “定高”原则的审慎否定：布兰宁诉联邦政府案（Branning v. United States）

在“布兰宁诉联邦政府案”中，原告就土地上的航行地役权向法院提起诉讼。该案的事实表明，“征用”显然已经发生，原告应该为此得到赔偿。原告诉请的根据是飞越在600英尺以上的原告财产，而“最低安全”高度的空气空间是500英尺。根据亚伦案件的理论，这个案子应该被驳回。幸运的是，布兰宁案件受理法院没有根据僵化的分析作出判决。

布兰宁案件法院的裁判结论是：“很明显，政府的征用责任并不仅仅因为政府飞机飞行在国会宣布的可航行空域并受其监管而被排除。”为支持这一结论，法院质疑500英尺高空的划定是否为如此重要的一种航空役权措施，认为最小安全高度和最小噪音水平涉及两个不同的对象，虽然安全可以用海拔高度来衡量，但合理的噪音水平不能仅仅用海拔高度来衡量。很明显，考斯比案件、格里格斯案件和亚伦案件制定的规则，与本案结论发生了冲突。不过，500英尺高度划界不再成为对政府诉讼的障碍，可能会促使位于军事领域周围的土地所有者尝试其他的“布兰宁诉联邦政府案”类型的诉讼，[1]法院可以简单地将其视为亚伦案规则的例外。[2]如此，“固定高度理论”至今仍然是一个可行的空域产权理论。

---

[1] See, e. g., Stephens v. United States, 11 Cl. Ct (1986), p. 352; Hero Lands Co. v. United States, 554 F. Supp (Cl. Ct. 1983), p. 1262; Powell v. United States, I Cl. Ct (1983), p. 669 (a consolidation of six suits filed by owners of land near Robins Air Force Base in Georgia).

[2] See, e. g., Hero Lands Co. v. United States, 554 F. 2d (Cl. Ct. 1983), p. 1262, pp. 1265 -66; Powell v. United States, I Cl. Ct (1983), p. 669, p. 673.

五、美国空中权与空域权冲突的协调

美国实行公有私有混合式的土地所有制，而传统理论主张土地所有权的范围“上至天宇、下至地心”，在飞机出现后，产生了飞行空域权和土地空间权利的冲突。为了解决这一问题，理论界和实务界对此提出了若干主张。

（一）各种不同的理论观点

1. 绝对所有权理论

这是科克勋爵古老的“上天入地”格言，即土地的所有人对其上方的空域拥有无限的所有权。这一理论无疑对航空业最具威胁。在美国，从未被任何法院采纳并适用于航空案件。

2. 公共地役权或飞行役权理论

公共地役权理论（public easement theory）的观点是，土地所有者实际上拥有其财产上方的空域，但该财产受航空交通的公共地役权约束。这一理论是对“上天入地规则”的两种修正之一。所有者实际上拥有其财产上方的所有空域是公认的，但航空公司被法律赋予了穿越该财产的财产权（地役权）。只有在地役权被滥用的情况下，飞越该财产上空才可被提起诉讼。

飞行役权理论（avigation easement theory）是指机场利用他人土地之上空间的权利。美国法院将积极与消极方面的役权内容分离，积极役权称为飞行役权，而消极役权称为清除障碍役权。还有学者将两者并称为“空间役权”。[1] 航空空域权是法律赋予的限制土地所有人空间权的特殊役权，是在他人土地空间上的负担。虽然在可航

[1] See William Tracy Haverfield, Stephwn Edverd Dalton, “Allocation of Property Interests in Air Space”, 20 U. Flo. L. Rev (1967), p. 242.

行空间中飞行属于在公共空间中飞行的正常活动不存在侵权，但在可航行空间之下的空间区域，飞机频繁起降运行会对地面或水面的利用造成不利影响，因此，这种情形存在役权。❶ 有学者认为，在可航行空间中的飞行权就隐藏着潜在的役权，如《商业航空法案》第10条规定就隐含着役权的存在，飞行权对土地所有人构成严重的负担时，就从隐藏状态中显化出来，成为现实的役权。❷

3. 飞行侵权豁免理论

飞行侵权豁免理论（privilige of flight tort theory）认为，土地所有权人享有空间权，当航空器飞越其上空时，虽然侵犯（trespass）了其空间权，但是这种侵入是可以豁免的。❸ 与公共地役权理论一样，飞行侵权豁免的理论基础也是对“上天入地”规则的一种修改。土地所有权人被认为是其财产上方所有空域的所有者。当飞机横穿其财产时，即发生了非法侵入，但这种非法侵入人是享有特权的，该特权可作为对侵权主张的抗辩。❹ 只有当发现特权被滥用或超过时，财产所有者才会胜诉。这种理论从侵权法的角度定义飞行权，只有当飞行权不合理地侵扰到土地所有人时，侵权人才承担损害赔偿或行为禁令的责任。这种侵权法的方案仅在理论上不同于上述财产法方案。在这两种方案下，只要不超过侵入的特权或地役权的范围，飞机就可以自由地飞越领空。

4. 分区理论

分区理论（the Zone theory）认为，地面上的空间分为上层空间

---

❶ See “Avigator's Rights in Airspace: The united States v. Causby”, 8 Md. L. Rev (1944), p. 302.

❷ See Edward A. Harriman, “Navigable air space and property rights”, 1 J. Air L (1930), p. 347.

❸ See Cahoon Colin, “Low altitude airspace: A property rights no - man's land”, 56Journal of Air Law and Commerce (1990), p. 164.

❹ See Wherry and Condon, “Aerial Trespass Under the Restatement of the Law of Torts”, 6 AIR L. REV (1935), p. 113, p. 126.

和下层空间。上层空间离地面较高而难以为普通所有权人实际控制或利用，但该空间对保障飞机正常航行意义重大，为了实现公共利益，法院有必要将上层空间的所有权从土地所有权中剥离出来，置于公共控制与利用之下，使之不为任何私人拥有。反之，在下层空间，个人往往可以实际控制并利用，由于飞行器对下层空间所有权的行使造成较大的影响，如果将其作为公共领域空间，将会导致土地权利大幅收缩，因此这部分空间的所有权仍然归土地所有权人所有。分区理论被法院和众多学者接受，并在司法实践中得到运用。[1]

5. 固定高度理论

该理论是“分区理论”两个变体之一。该理论主张，土地所有者对空域的产权幅度是由水平边界严格界定的，水平边界将空域划分为多个财产“区”。边界以上的空域，在地面以上的固定高度，都是公共财产；边界以下的空域都是土地所有者的财产。[2] 在这一理论的指导下，飞越案例的分析变得非常简单。如果飞机飞越了边界，土地所有者没有合法的诉讼依据；如果飞机在边界以下飞行，就发生了侵权行为。区分边界通常被该理论的支持者定义为国会指定的“可航行空域”的高度。据推测，美国国会通过界定哪些空域是可航行的，将该空域预留为公共领域，其下方的土地所有者不能对其行使产权。

如何区分私人空间和公共空间？对此，美国学者提出“固定高度理论”，即土地所有人的权利只能限在某一固定高度之下，这一高度之上的空间就属于公共空间。基于此，在高度之上飞行的航空器是不受土地所有人的所有权影响的；但是在这一高度之下的飞行活动，就会发生侵权后果，土地所有人可以请求赔偿或禁令。[3] 根据美

---

[1] See The United States v. Causby, 328 U. S. 266 (1946).

[2] See, e. g., Smith v. New England Aircraft Co., 270 Mass. 511, 170 N. E (1930), p. 385; Burnham v. Beverly Airways, 311 Mass. 628, 42 N. E. 2d (1942), p. 575.

[3] See Cahoon Colin, “Low altitude airspace: A property rights no – man’s land”, 56 Journal of Air Law and Commerce (1990), p. 165.

国1926年的《商用航空法》和1938年《民用航空法》，适航空间（navigable airspace）即是判定这一高度的法定标准。

6. 可有效占有理论

可有效占有理论认为，土地所有人对空间的支配是为了合理地开发其地表，因此，土地所有人有权对与土地相邻的低层空间进行占有和控制。可有效占有理论不考虑当事人是否实际支配了可占有空间，以免影响未来对空间的占有和利用权益。[1]

根据可有效占有理论，土地所有者的空域所有权限制在有效占有的固定高度。这个高度取决于土地的性质和其可能的用途。可有效占有理论曲解了“分区”概念，迫使法院决定每个案件的具体产权边界。一旦做到了这一点，这个理论的应用就与“固定高度理论”发生等效结果。在土地所有人可有效占有的空间之上，所有空域都是公有财产，权利人不能对其主张任何法律权利。

这一理论受到了最高法院的支持，在考斯比一案中，法院认为，土地所有人要想完全行使其所有权，必须对土地上方相邻的空间享有排他的控制权，如此，方能有权建造房屋、修建篱笆、种植树木。[2]

7. 无所有权理论

这六种理论中最支持航空空域权的是“无所有权理论”，该理论由备受批评的海曼诉太平洋航空运输公司案例（Hinman v. Pacific Air Transp）判决提出。该判决认为，土地所有人只对实际被占领的空域享有权利；当飞机飞越时，无论飞行高度如何，仅仅当对基础财产造成实际物理损害时，才可被请求赔偿。

[1] See John A. Eubank, “Judicial determination of rights in airspace”, 51 Dick. L. Rev (1946), p. 161.

[2] See The united States v. Causby, 328 U. S (1946), p. 256.

（二）后“考斯比”时代的理论抉择

1. 理论的一般发展

通过对考斯比案之后各空域案例裁决梳理显示，各判决的裁判术语和理由的使用欠缺规范。尽管考斯比案件的裁判法院将裁判的重点置于航行地役权，但许多州法院继续根据传统的“侵入”和“妨害”理由分析空域诉讼。虽然“妨害”一词和“非法侵入”一词在理论上存在差异，但法院将“妨害”和“非法侵入”两种语言随意地混合使用，而不论案件的裁判结果如何不同。这种滥用很大程度上可归因于原告起诉状采用“霰弹枪”方式。由于“侵入”和“妨害”两种理论在空域属性分析的紧密结合，大多数司法管辖区继续允许原告在妨害、侵权或两者合并的情况下获得赔偿。随着联邦侵权索赔法案的通过，现在原告可以根据侵权理论、妨害理论、反谴责型诉讼，或者像通常的情况一样，三者同时起诉。

2. 不同理论的命运

无论原告提出的诉讼类型如何，法院必须准确地确定土地所有者的财产权益。在法律领域，“考斯比裁决”有一定的示范作用，也即法院必须确定，土地所有者拥有空域产权，但这些权利有明确的限制。法院如何解释对土地所有者权利的限制，将决定未来飞越诉讼的结果。考虑到“考斯比裁决”意见中强调损害赔偿和飞行对“使用和享受”土地的干涉，许多法院都把审理的重点放在所谓侵权对标的土地的实际影响上。虽然理论界公认这是一种评估非法侵入索赔的特殊方法，但评论人士似乎已经接受了这种非传统的裁判思路，认为它是空域非法侵入分析的独特之处。法院基本上允许原告用两种方法来证明损害赔偿，从而庭审中法官会进一步调查索赔有效性，即实际损害的发生。不过，正如前面所提到的，许多司法管辖区也开始倾向于“固定高度”的空域产权理论。然而，随着时间的推移，这种对空气空间产权未来的看法也显得并不完全正确。

六、美国空中权理论研究的简要评析与对我国的借鉴意义

（一）三种空间权归属学说的理论评析

第一，绝对权说赋予个人无限空间的所有权似乎并不现实。首先，个人拥有无限高度的空间权不符合物权法的精神。物权以物为客体，物作为客体必须为人类所能够控制。此处的控制是指能够排除他人对物的占有、使用和处分的状态。空间之所以能够成为物权的客体，乃在于其可控性，即权利人可以排除他人干涉其对空间的使用权利。对于空间而言，个人能够阻止他人进入其建筑物或土地上空的范围非常有限，比如个人无法阻止滑翔机越过其建筑物上方，无法阻止其土地上方飘浮的广告氢气球，也无法宣称飞越其土地上空的飞鸟属于其所有。因此，作为物权客体，空间必须是权利人可控范围内的空间，超越这个范围将不具有物权法上的物的特性。其次，空间权的设置目的之一是为了便于土地使用权人或者所有权人行使权利。过高的空间并不会对土地或建筑物的使用造成便利，反而会导致其难以充分利用土地或建筑物。因此，地表上的空间权以权利人充分、安全地行使土地、建筑物、植物或者其他附着于土地之上的物的所有权或者使用权为必要空间限度。

第二，空间权的高度范围与财产等高的观点不符合实际。空间权的目的之一是保障土地、建筑物等财产的所有权或者使用权人安全行使权利，避免来自土地或者建筑物上空的威胁。没有空间权意味着建筑物、土地或者土地上的植物缺乏一定的风险隔离空间，这将导致财产权利人的权利安定性丧失。此外，否认空间权还将导致财产权利边界不清，发生经济学上的公地悲剧（the tragedy of the commons）情形。故此，否认空间权忽略现实，可能导致财产权体系的坍塌。

第三，分区理论具有较高的借鉴价值。该理论承认土地及建筑

物等财产权利人利用空间的权利，保障其权利行使的安定性。同时，该理论强调在一定高度以上的空间实行飞行自由原则，确认了航空飞行对空间的需求，平衡了土地及建筑物等财产权利人与航空业者的利益。在 Burn ham v. Beverly Airways 一案中，法院认为可航空域是公众的空中飞行权利空间。[1] 在 Smith v. New England Aircraft Co. Inc 一案中，法院指出，航空器在低空发出噪声、出现在低空并占据低空，其飞越构成非法侵入。这两个案件是分区理论在司法实践中的典型应用，前者确认了空域属于可航空间的有限范围，后者则从反向的视角指出空域之外的空间不得侵犯。至于有限权利说则很难构成一个独立的理论。建筑物上附有地役权负担并不是限定个人空间权利的条件。因为，地役权是他物权，其存在前提是建筑物所有人拥有建筑物上的空间权利。地役权限制了自物权人的空间利用权利。正如他物权对自物权的限制不是对自物权对世性的限制一样，地役权并不构成对自物权人空间权利客体的限制。

（二）美国空间权理论对我国的借鉴意义

1. 分区理论对我国建设用地使用权分层设立制度的借鉴意义

分区理论有助于协调土地权利人的空间权利与航空飞行主体的空间利用权，有助于界定我国物权法空间权客体“一定范围”。我国《民法典》物权编规定，建设用地使用权采用分层设立制度，该项权利以地表上下的空中和地中空间一定范围为客体。但是，地表之上使用权范围的绝对高度为何，不同的建筑物和海拔高度的地表可能标准不同，立法应当有一个原则性的统一边界，以便发挥物权法在该空间高度以下的规范调整功能。分区理论以飞行安全的最低高度为界，区分航空法上的空域与物权法上的空间，引入该理论有利于

[1] See Burn ham v. Beverly Airways, 42 N. E. 2d (1942), pp. 575 –579.

我国解决这一理论难题。同时，分区理论的观点符合空域利用的现实。该理论既提供了物权法意义上的空间权利人使用空间的充分条件，也保证了航空法意义上的空域有效、安全利用，对我国空域权理论与制度的构建具有现实意义。

2. 财产权二元论的“边缘”规则为解决空域权与空间权的冲突提供了方案

财产权二元论认为，立法者没有必要去划设参差不齐的覆盖领土面积的低空空域界限，也没有必要去为地面不计其数的不动产空间权利界限分别设置高度边界。在低空空域被广泛应用的时代，空域权与空间权都有着为无人机低空公共航路建设让渡其自身权利的义务和能力。在理论上，这种让渡是基于物权客体特定性产生的支配权边界原理，具有合理性依据；在制度价值上，符合财产权负担社会义务的现代财产权观念。我国立法可借鉴航空法的相关规定。

Summary of Civil Legal Issues of Air Rights in the United States

Xue Yufei

Abstract: In the United States, air rights are the right to use certain space above the surface of the earth, and the formation of its system is the product of the development of air rights. The core of air space utilization problem is to determine the ownership of the rights of the surface attached space, the space within a certain range above the surface and the public space (low altitude airspace), among which the most critical is to determine the vertical boundary of space to clarify the boundary of space rights. To resolve the conflict between airspace rights and air rights, American judicial judgment mainly relies on the theory of "fixed altitude" airspace property rights. Theoretically, the research of American scholars focuses on the ownership, effectiveness and protection of air rights, which can be roughly summarized into two aspects: one is the theory of "single property right", including representative viewpoints such as zoning theory, effective possession theory and flight servitude theory; The second is the emerging "dualism of property rights". However, the air rights theory has not broken through the restriction of surface rights. The research results of the civil legal system of air rights in the United States will be beneficial to the continuation of the space rights rules of the construction land use rights in China from the perspective of space.

KeyWords: Air rights, The airspace rights, Spatial boundary, Zoning theory, Dualism of property rights theory